Spanish Reader Intermediate 2

Spanish Reader for Beginners, Intermediate & Advanced Students, Volume 5

Iris Acevedo A.

Published by Iris Acevedo A., 2018.

Spanish Reader Intermediate II
Tres Cuentos Largos
Three Long Stories
A unique creation
by

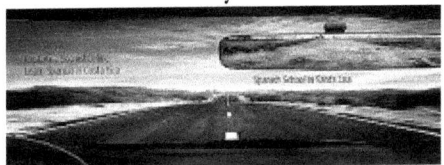

CostaRica SpanishOnline
The first online Spanish School in Costa Rica
Iris Acevedo A.
Author/Founder

Copyright©2018 by CostaRica SpanishOnline. All rights reserved. No part of this publication may be reproduced or distributed in any form or by any means, or stored in a database or retrieval system, without the prior written permission of the publisher. All characters appearing in this work are fictitious. Any resemblance to real persons, living or dead is merely coincidental.

July 2018

Also by Iris Acevedo A.

Spanish Conversation Books
Spanish Conversation Book for Beginners I & II
Spanish Conversation Book for Beginners II
Spanish Conversation Book Intermediate II

Spanish Reader for Beginners Elementary 1, 2 & 3
Spanish Reader for Beginners-Elementary 1
Spanish Reader for Beginners-Elementary 2

Spanish Reader for Beginners, Intermediate & Advanced Students
Spanish Reader for Beginners-Short Stories in Spanish
Spanish Reader for Beginners 2- Spanish Short Stories
Spanish Reader Intermediate I
Spanish Reader Intermediate II
Spanish Reader for Advanced Students
Spanish Reader Intermediate 2
Spanish Reader for Advanced Students II
Spanish Reader for Advanced Students III

Standalone
The Spanish Subjunctive Explained- Over 100 examples
Spanish Grammar & Vocabulary Review- A Dual Beginner Spanish Grammar Book

Watch for more at costaricaspanishonline.com.

Introduction

Spanish Reader Intermediate II is the continuation of *Spanish Reader for Intermediate Students*, published in 2018. In the second book, you will find the same writing style that kept you entertained for hours while reading Spanish Reader Intermediate I. You will also find, in addition to Spanish Grammar Structures which require extensive practice, a wide range of reflexive verbs, The Subjunctive Mood, and transitional phrases.

Our eighteen volumes of Spanish Readers and Conversation Books intend to teach you in a way that no other Spanish schools will never teach you: current grammar usage and vocabulary, and all the uses of the Subjunctive Mood-all in one. In addition, you will find a vast usage of adjectives; some of which begin with negative prefixes, such as *des*, and *in*.

Every story you find in *Spanish Reader Intermediate II* provides insight into the culture of Costa Rica within a context that describes tradition, contemporary life, the people, the region, beliefs, superstition, and the way our people think and feel.

Together with Spanish Grammar, these stories provide a formidable source for the acquisition of new vocabulary through intuitive learning while the student continues to be entertained by an interesting plot.

Whether you are an independent student of Spanish, a college graduate who has not practiced Spanish for a while, or an advanced student of Spanish, we guarantee that you will find this collection of short stories the most useful Spanish Language learning material you have come across.

I truly hope you find these short stories as entertaining and helpful as they are meant to be.

Iris Acevedo A.
Author/founder

CostaRica SpanishOnline

Contents
1. El Trato-The Deal

-The Present Subjunctive
  -The Imperfect Subjunctive
  -Reflexive Verbs-
  2. *Va De Mal En Peor - He's Only Getting Worse*
  –Adjectives (prefixes –in, -des, -im)
  -The Present Subjunctive
  -The Imperfect Subjunctive
  -Special Verbs (*molestar, gustar, angustiar, encantar*)
  3. *En Vista de Las Circunstancias-In View of the Circumstances*
  -The Present Subjunctive
  -The Imperfect Subjunctive
  -Reflexive Verbs

El Trato-The Deal

Toda la noche pasó lloviendo. Intentó dormirse, permitiendo que las copiosas gotas de agua que caían sobre el techo de teja le arrullaran con su dulce melodía hasta que su espíritu lograra salir, al mismo tiempo que su cuerpo recibía un muy merecido descanso.

Sin embargo, no fue así.

Hay ocasiones en las que el sueño se niega a brindarnos consuelo, de repente, el tiempo hace una breve pausa y éste llega sin que nos percatemos de ello.

Pero para don Matías, esta no fue una de esas ocasiones.

Al cabo de unos minutos, apenas pensó que el sueño le estaba ganando la batalla a su imaginación, el hombre sintió que se caía dentro de un pozo de agua, y fue entonces que él dio un salto; librándose así de una pesadilla, que, de otra forma, hubiera resultado ser sumamente desafiante.

"¡Ay, Dios Mío!; por dicha no pasó a más", pensó don Matías, al mismo tiempo que levantaba la mano derecha y la colocaba sobre su corazón. Recordó entonces los consejos de su médico, quien en una ocasión le había recomendado que cerrara los ojos y escuchara el sonido de su propia respiración para luego, poder así, conciliar el sueño.

Incluso, intentó traer de regreso algunas memorias alegres de su pasado. El recuerdo más remoto que surgió en su mente fue el día que trajo a su segunda esposa a vivir a la casa de su padre, don Isaías, situada a escasos tres kilómetros de la finca que un año más tarde, su padre le dejó a él por ser don Matías su único heredero.

Pero nada de esto dio resultado.

Más bien, sus ojos cansados de viajar en el tiempo recorrieron cada pieza cuadrada del cielo raso, contando una por una; bajando luego por la pared de tablas, y por último, contando éstas de dos en dos.

No se atrevió, de ninguna manera, a detener sus ojos en ningún lugar en particular. De hecho, con absoluto detalle, repitió el procedimiento un par de veces más, hasta que finalmente, sus temores emergieron a la superficie.

Ahora bien, ¿qué era lo que tanto le preocupaba?

Todo comenzó un día, justo en el año 1980. Más bien, fue como una racha de buena suerte para algunos. De repente, comenzaron a llegar a su comunidad, una infinidad de corredores de bienes raíces, ofreciendo poner las propiedades de todos los pobladores en venta; a cambio, desde luego, de una comisión.

Poco a poco, seducidos mediante sus propias promesas de riqueza, los vecinos iniciaron las ventas de sus propiedades a personas que provenían de tierras lejanas; quienes, huyendo de las ruidosas ciudades, a su vez se dejaron llevar por promesas de encontrar paz y tranquilidad en una cultura absolutamente diferente a la suya.

Igual que el día y la noche.

Diez años atrás, don Matías comenzó a pensar, o quizá a soñar que un extranjero aparecería en el portón de su finca y le ofrecería una cantidad exorbitante por ella; y de este modo, de la noche a la mañana, el agricultor saldría de pobre.

Sin embargo, don Matías no era pobre.

Desde luego, si él se ponía a comparar su modesta situación económica con la de sus nuevos vecinos, por supuesto que iba a pensar que era un hombre de escasos recursos.

Pero en realidad, no era así.

Desde lo más alto del campanario de la antigua iglesia de piedra, en el centro del pueblo, podía verse con claridad la casa de don Matías y su esposa. En la lejanía, subiendo la mirada por una carretera de lastre bordeada por cercas de árboles de jocote, roble sabana, y otras especies nativas, se vislumbraba un parche de tonos de color verde esmeralda que se extendía por unos doscientos metros montaña arriba, con un techo rojo en el centro.

Justo en el extremo noroeste de la propiedad, había un parche de tonalidades de color verde claro que sobresalían entre el color verde oscuro del resto de la propiedad; la huerta de doña Zinnia.

En el momento en que don Matías le propuso matrimonio, ella le había puesto una sola condición: necesitaba tener un espacio propio para cultivar hortalizas y especies aromáticas que a su debido tiempo utilizaría para preparar repostería que eventualmente vendería en el pueblo, pues estaba acostumbrada a tener una entrada de dinero propia.

A partir de una mañana calurosa de junio, el día en que don Matías trajo a su segunda esposa a vivir con él, la mujer se puso un par de pantalones de mezclilla azul, una camisa blanca de manga larga, un delantal blanco de algodón, y un par de guantes de tela; y procedió de esta forma a trabajar en su propio pedazo de potrero. Pasó días enteros cuidándolo con todo esmero, y cambiando éste paulatinamente; agregando tonalidades de verdes, naranja y rojo donde anteriormente sólo había prevalecido un único color.

Tres meses después, doña Zinnia habló con los dueños de numerosas pulperías y minimercados de la localidad, y ese mismo día, la emprendedora mujer inició su negocio de repostería elaborada con productos orgánicos.

Su repostería, conforme la mujer pasaba las noches en la cocina trabajando hasta la madrugada, se fue ganando el corazón de todos los hombres, mujeres y niños de la comunidad. No existía en ningún rincón de las colinas que rodeaban celosamente el valle, persona alguna que pudiera competir con la calidad de sus empanadas de piña, el queque de zanahoria y chocolate, o el pastel de manzana recién horneados.

No había nadie; absolutamente nadie que fuera capaz de elaborar sabores iguales. Tampoco existía una sola persona que pudiera resistirse a ellos.

Pero, como todo en la vida, desafortunadamente, en una calurosa y serena noche de abril, el padre de don Matías cerró sus parpados por última vez; no sin antes, entregarle a su único hijo un papel amarillento y medio arrugado que había guardado celosamente debajo de su almohada por un periodo de tiempo considerable.

Una vez que su padre fue sepultado, a la mañana siguiente, en el pequeño cementerio de la localidad, bajo la inclinada sombra de un árbol de marañón con fruta; de rodillas, Matías le hizo una promesa: "A partir de hoy esta finca será tu orgullo".

Pero ahora, sumido en la indescriptible oscuridad de la pequeña habitación y de sus pensamientos, se miraba a sí mismo como un hombre pobre.

A menudo, somos nosotros mismos los causantes de nuestra propia miseria.

"Además de salir de pobre, una vez vendida la finca, debo buscar algo diferente que hacer", pensó el hombre; agregando de esta forma, un asunto más a la lista de cosas por las cuales desvelarse.

¡Qué noche más eterna!

Antes de que don Matías lograra, siquiera por un momento, cerrar sus ojos y mantenerlos de esta forma, sonó el canto un gallo en la lejanía. Supo, entonces, que jamás iba a conseguir la paz de su espíritu.

-Los perros han ladrado toda la noche- exclamó don Matías, restregándose los ojos con el dorso de su mano derecha, al mismo tiempo que corría la silla de cuero con la mano izquierda para sentarse en la mesa del comedor. El hombre había pasado las oscuras horas de la noche retozando en su cama, como si de esta forma pudiera él alejar, de un sopetón, los agotadores pensamientos que le atormentaban. Sumido en un estado febril, tomaba la sábana y la jalaba a la altura de los hombros. De igual manera, a los pocos minutos, se la quitaba de encima, pues se estaba ahogando de calor. Simplemente, todo esfuerzo realizado para calmar su mente fue en vano.

Tampoco era muy hábil en el arte de la mentira.

- ¡Ni por milagro dejaron de ladrar! - dijo, dirigiéndole la palabra a su esposa, quien desde las tres de la mañana se encontraba en la cocina chorreado el café; una y otra vez.

Por un instante, don Matías se miró en el viejo espejo con marco labrado en un tronco de una vieja planta de café, pintado de verde claro con pequeñas rosas de colores pastel.

Éste colgaba de la pared de madera al otro extremo de la sala. Se miró, pues, cada marca de expresión que el paso del tiempo había dejado en su rostro, luego de cada ataque de risa y cada pequeña, o gran preocupación.

Ya no era un hombre joven, sin embargo, a los sesenta años de edad mantenía una mente ágil y un cuerpo sano. Su pelo, canoso ya, un poco desordenado por la falta de sueño, le recordó que hoy debía salir de su casa temprano para ir a negociar un asunto que tenía pendiente.

Por suerte era un día feriado; de paga doble. Todos los habitantes del pueblo, quienes acostumbraban a levantarse con las aves para tomar el primer autobús a la capital, seguramente estarían durmiendo. Los únicos dos peones que trabajaban en la finca, probablemente se encontraban en sus casas aprovechando el día libre para ponerse al día con las reparaciones de éstas.

-Si gusta le pago en efectivo- dijo una voz grave, con acento de la ciudad, al otro lado del auricular.

-Pues, eso agilizaría la transacción- respondió él; sin titubeos de ningún tipo.

Sin duda alguna, este era el mejor día para mostrarle la finca a un hombre de la capital quien lo había llamado la semana anterior para concretar una cita. El hombre lo había llamado pasadas las siete de la noche para decirle que estaba sumamente interesado en adquirir una finca que le permitiera seccionarla en varios lotes; los cuales podría venderles luego, a aquellas personas que estuvieran interesadas en comprar un lote en el campo. Asimismo, le dijo que el anuncio que don Matías había colocado en el periódico le atrajo inmensamente. Además, mencionó que era un requisito indispensable que la finca tuviera una casa amueblada, para poder así, alojarse allí cuando iniciaran los trabajos.

Por teléfono, a don Matías, la idea le pareció muy razonable.

Su esposa doña Zinnia, apenas cinco años menor que él, sumergía su mirada colmada de tristeza en el jarro de café recién chorreado. Ella, de origen indígena de la Zona Sur del país, conoció a su esposo en una feria ganadera que se celebró hacía muchas lunas, muy cerca de la localidad de donde ella provenía. El hombre había asistido a la feria lleno de ilusión por obtener algunas cabezas de ganado, y traerlas a Naranjo; sin embargo, en su lugar se trajo una esposa.

A partir del primer instante en que él, impulsado por un corazón ardiente, se sintió atraído por la mirada profunda de la joven, ya que el hechizo emitido por la mirada profunda de los verdes ojos de ella comenzó a recorrer cada vena de su cuerpo hasta llegar, por fin, a su corazón.

Y de ahí no salió.

Con este grato recuerdo fresco en su mente, doña Zinnia recogió su pelo negro y lacio en una cola, para protegerse así, del intenso calor que comenzaba a envolver la mañana. Seguidamente, giró la cabeza hacia un lado para mirar por la ventana de la cocina en dirección al valle que se extendía como una extensa llanura verde con techos rojos al fondo del paisaje; un poco más allá del horizonte.

De pronto, giró su cabeza y sus ojos se fijaron en la expresión que se dejó ver en la cara de su esposo. Sin duda algo le estaba molestando, pero luego de tanto tiempo de ser su confidente, su más emotiva lectora, al igual que su compañera en el juego de póker, reconocía muy bien cuando su esposo tenía algún asunto que resolver.

Su silencio representaba mil palabras.

Por lo tanto, con esto en mente, con una mano tomó el jarro celeste lleno de café humeante que había preparado para su esposo, y con la otra, tomó el jarro blanco con pequeñas margaritas amarillas que había llenado para ella. Posteriormente, dirigió la mirada una vez más hacia su esposo.

Fue justo en este instante que decidió dirigirse en dirección a la mesa.

A paso lento, para no derramar el contenido, llevó los dos jarros y los colocó en la mesa; corrió la silla, y se sentó frente a su esposo.

Pasaron unos segundos que duraron una eternidad en el tiempo de los humanos.

Ella lo miró, con la leve esperanza de que éste le dirigiera la palabra; aunque fuera solamente por equivocación.

Pues todos cometemos errores de vez en cuando.

No obstante, el hombre fijó sus ojos en la pequeña ventana que daba directamente a la montaña; tomó el jarro y se lo llevó a la boca sin decir una sola palabra ni soltar la vista de la severa pendiente, que, adornada con enormes rocas de origen volcánico, caía de picada hasta llegar a sumergirse en las cristalinas aguas del río.

Como de costumbre, los impetuosos rayos del sol comenzaban a dar pequeñas pinceladas de tonos cobrizos sobre las inclinadas laderas de las montañas. Sin duda, señal indiscutible para los pájaros que debían llevar el sustento a sus hogares, de que esta sería una mañana calurosa; por lo consiguiente, abundaban las posibilidades de encontrar insectos atolondrados debido a las altas temperaturas que imperaban en la zona a esas horas.

Arriba, en la parte más alta de la montaña empinada, todo comenzaba a cobrar vida; causando que el corazón de don Matías palpitara cada vez con más fuerza ante el paso de cada minuto, pues él sabía con certeza que pronto se encontraría cara a cara con el hombre que bien podría ser su salvación.

"Unos milloncitos no me caerían mal", pensó, luego de colgar el auricular del teléfono y quedarse sentado junto a éste rumiando las palabras dichas por un extraño.

-Pero estamos hablando de cuatrocientos mil dólares- exclamó don Matías en voz baja.

-Se lo llevo en efectivo- reiteró el hombre, con el fin de agregarle tono de promesa a sus palabras.

Meses más tarde, con certeza, don Matías las recordaría muy bien.

- ¿Por qué no me dices lo que te ocurre? - preguntó su esposa de repente, al notar que las arrugas verticales en la frente de su marido se veían más profundas que de costumbre.

-Porque no me pasa nada- respondió don Matías, con una leve sonrisa ya que nunca se había hecho famoso por ser la vida de la fiesta. No era conocido por sus vecinos como un hombre de muchas palabras; más bien, parecía estar envuelto en una espesa nube de misterio. Pero así era cuando ella lo conoció, y era justamente por esa razón que ella lo amaba.

Por lo consiguiente, la mujer se llevó el jarro de café a la boca, y tomando un sorbo de aire, se abstuvo de hacerle más preguntas.

Pero mientras su esposa ahogaba las palabras en el café ya frío, don Matías miraba el reloj, de tanto en tanto, hasta que finalmente las antiguas campanas de la iglesia le recordaron que ya había llegado la hora de irse. Levantó el jarro, se lo llevó a la boca, y tomó el último sorbo de café. –Ya me tengo que ir- dijo.

Y así fue.

De repente, se puso de pie, bajó la cabeza para mirar las llaves del carro, y tomó su sombrero de lona blanca. Pero no parecía muy convencido de querer irse; no obstante, sin pensarlo más de dos veces, tomó las llaves con prisa y salió cerrando la puerta tras de sí.

- ¡Déjala abierta! - exclamó ella.

Pero él no escucho.

Envuelto en una gigantesca nube de preocupación por llegar a tiempo ya no podía escuchar nada; solamente las palabras del hombre que lo había llamado por teléfono, aunadas a la turbulencia causada por una tormenta de pensamientos propios.

"Esta es la oportunidad que he estado esperando" pensó, al mismo tiempo que echaba la camioneta marcha atrás para luego enrumbarse camino a la finca a toda velocidad.

A pesar de contar ya con cinco años, las constantes visitas donde el mecánico para darle mantenimiento preventivo, mantenían la camioneta roja en perfecto estado. Esta fue justamente la razón por lo que, a toda prisa, la camioneta inició el ascenso por el estrecho camino de barro arcilloso, piedras de mediano tamaño emergentes entre el barro rojizo, y cerradas curvas bordeadas por profundos barrancos; muy bien escondidos entre la gruesa vegetación del lugar.

Aun así, el conductor tenía su mente nublada; de hecho, el aprecio que antes sentía por su camioneta desapareció de súbito, al igual que lo como lo hace una lagartija cuando la sorprendemos en su escondite.

"Me puedo comprar una nueva", pensó. Mas, al instante, rechazó el pensamiento.

Pensó; de hecho, pensó mucho.

A principios de enero, en esta zona del país, los abundantes árboles de mandarina comenzaban a mostrar sus brillantes frutos de color naranja los cuales don Matías recogía con la ayuda de sus dos peones, para luego dirigirse a San José, y vender su cosecha a los madrugadores que buscaban con sus ojos y sus manos, las mejores frutas y verduras.

Con gran orgullo, por supuesto, don Matías se presentaba en la feria del agricultor todos los sábados y domingos; a eso de las tres de la mañana. Esto le garantizaba, sin duda, la oportunidad de armar su tramo de frutas con suficiente antelación, pues la hora de apertura era las cinco de la mañana. Conforme la noche se iba aclarando y el sol se aparecía por el este para sustituirla, todos los dueños de tramos comenzaban a ofrecer sus productos; primero al precio del mercado, y posteriormente, iniciaban las ofertas.

De cierta forma, el hombre sabía muy bien que toda su vida la había dedicado a ser agricultor, y consideraba que esto contribuía a su felicidad. Por otra parte, ya no era un hombre joven y dentro de unos años no estaría ya en capacidad de sembrar y recoger frutos; mucho menos, ir a venderlos.

"Pero, si para eso tengo dos peones", dijo para sí; a punto de detener el carro, echar marcha atrás, y de esta forma regresar a su casa.

Pero, no fue así.

Más bien, en un intento de frenar los gritos de la intuición, disfrazados de sentimientos de nostalgia, aceleró la camioneta a todo dar; con el fin de llegar con mucha más rapidez a su destino; evitando así, que la fuerza de la intuición alcanzara su mente.

En cierta forma, se podría asumir que él era un hombre feliz. Quizá más bien, era un hombre agradecido; agradecido con la vida. Al salir de su casa, en las mañanas, tomaba la curva que ascendía a la montaña por la calle de lastre, fácil de subir en el verano, pero imposible de transitar durante los meses más lluviosos del año.

A su paso, de tanto en tanto, miraba de reojo el valle que se extendía a la izquierda y las montañas que ascendían a la derecha.

A finales de febrero, las montañas con sus pendientes rocosas lucían colores lila y rosado entrelazados, de cuando en cuando, por tonalidades de amarillo; todo esto, producto de los árboles que florecían paulatinamente en esta época del año.

Una vez que el hombre llegaba a la cima de la montaña, doblaba a la derecha y a unos doscientos metros podía verse ya el pequeño portón de hierro pintado de azul que protegía la parcela de la entrada inoportuna de los intrusos.

Don Matías se estacionaba a un lado del portón, apagaba el motor de su camioneta y se bajaba para dirigirse hacia el portón, y abrir el candado que colgaba de éste como su único y fiel compañero de batalla.

El hombre, armado con botas de hule que le llegaban hasta las rodillas y gruesos pantalones de mezclilla, metía su mano derecha en la bolsa honda de su pantalón azul, para buscar en ella la llave del candado. En esta ocasión, buscó y rebuscó hasta encontrarla muy bien escondida en el fondo de la bolsa.

Al sacar ésta, escuchó una voz masculina, entrecortada, que lo llamaba por su nombre.

- ¡Don Matías! - dijo.

Como lo hace cualquier animal, impulsado por el instinto, don Matías giró su cabeza hacia un lado para ver quien le había llamado por su nombre desde la parte baja de la última cuesta. Sus ojos analizaron al sujeto que caminaba cuesta arriba luchando contra el barro.

En cuestión de segundos, el dueño de la finca se percató de que el hombre era muy diferente a la imagen que él se hizo de él durante su conversación por teléfono.

En aquel momento, se había imaginado que estaba hablando con un hombre de baja estatura, con poco pelo, y un poco grueso. Pero ahora se encontraba a punto de conocer a un hombre alto, corpulento y con una cuantiosa cantidad de cabello.

Debido al tono de su voz, aunado al acento pronunciado en las dos palabras que el hombre había dicho, don Matías notó con asombro, que éste no era de la capital, pero sí era de Costa Rica.

Más bien, era muy probable que viniera del este de San José.

Al observar de reojo la indumentaria elegante que el hombre vestía, el dueño de la finca también supo que no se trataba de un hombre común y corriente; sino más bien, de un citadino acostumbrado a tener un puesto de mando.

Con todos estos datos en mente, y armado de gran prudencia, dijo: - ¿Sí? -.

-Fui yo quien le llamó por teléfono- respondió el desconocido, al mismo tiempo que apresuraba la marcha cuesta arriba; bastante difícil, debido el barro arcilloso que cubría su calzado.

A pesar de tener por lo menos treinta años menos que don Matías, el hombre no le ofreció su mano al dueño de la finca para estrechársela como indicio de un saludo; sino más bien, mantuvo cierta distancia, y aprovechó para sacar un pañuelo de la bolsa de su camisa blanca con delgadas rayas azules, y secarse así el sudor que bajaba por su frente.

- ¿Así que... esta es la finca que está vendiendo? - preguntó, luego de unos segundos que él aprovechó para recobrar el aliento perdido.

- ¡Esta es! - respondió el dueño, mostrando así el orgullo que sentía por la propiedad.

-Me disculpa usted señor...no le he saludado apropiadamente- añadió el hombre, al mismo tiempo que alargaba su brazo para estrechar la mano de don Matías.

-Es que...no quería darle una mano llena de sudor... ¿cómo está? ...soy Diezmo Cazafuentes-

Debido a la prudencia que guiaba el proceder del hombre de pueblo que ve las noticias por televisión, éste miró de reojo hacia el camino, y pudo notar un carro de color rojo que se encontraba estacionado a unos cien metros del portón. Entendió entonces que el hombre lo había dejado lejos de la propiedad; quizá porque se dio por vencido al intentar subir la cuesta, o quizá porque tenía el propósito de entrar a pie.

No importa cuál hubiera sido la razón para dejarlo allí; lo importante era que el hombre se encontraba allí, y que éste estaba dispuesto a comprar la finca en efectivo; billete sobre billete.

¡¿Qué más podría pedirle él a la vida?!

Fue justo en este preciso instante que don Matías sintió un leve incremento en la velocidad de las palpitaciones de su corazón, y supo entonces, que éste deseaba decirle algo.

No obstante, no sabía con exactitud de que se trataba.

- ¿Va usted a meter la camioneta? - preguntó la misma voz que don Matías había escuchado en el teléfono.

-No; hace un lindo día, y como no pienso quedarme mucho rato, la voy a dejar en la calle-

-Pues entonces; camino con usted-

-Muy bien-

- ¿Y qué hay en la finca? -

-Bueno, como le mencioné por teléfono, la finca tiene trescientos arboles de mandarina, una casa con tres dormitorios, una quebrada que pasa justo detrás de la casa, y seis vacas con terneros-

- ¿Cuántos peones trabajan aquí? -

-Tengo dos peones-

- ¿Ellos están aquí? -

-No; hoy es feriado-

-Sí; tiene razón...lo había olvidado-

Don Matías notó con sorpresa la expresión de felicidad que invadió los ojos del hombre al posar su mirada sobre la finca. Seguido por unos minutos de silencio interminables, el hombre posó sus inquietos ojos en dirección norte como si deseara captar cada pixel de la majestuosa vista que la finca ofrecía hacia el Valle Central.

Curiosamente, fue justo la falta de palabras que acompañaba a su potencial comprador lo que causó que don Matías sintiera un vacío en el estómago.

Y fue en ese instante que su corazón volvió a palpitar con suma rapidez.

Sin embargo, cómo ya se había trazado un plan para el futuro, hizo todos sus pensamientos a un lado, y continuó con paso firme hasta llegar a escasos veinte metros de la casa.

Bien pudo haberle dicho al hombre que necesitaba regresar a casa por alguna razón u otra; ofreciéndole una excusa mientras aún estaba a tiempo de huir.

Esto, no obstante, carecía de fundamento.

-Me gustaría ver la casa primero; luego, puede usted enseñarme el resto- se apresuró a decir el hombre, al mismo tiempo que bajaba la vista para mirar una audaz gallina de plumaje amarillo con crema que se acercó para observarlo de cerca.

-Muy bien-, exclamó el dueño de la finca; no sin antes, meter la mano en la bolsa del pantalón para buscar las llaves.

Por unos instantes, don Matías buscó las tres llaves con sus dedos en la bolsa de su pantalón, pero no encontró las encontró. Mientras hurgaba de un lado para otro, logró sentir la única llave que llevaba consigo: la del portón.

Pero todo esfuerzo por encontrar las llaves de la casa fue en vano.

En un repentino ataque de gozo, el hombre subió la vista hacia las colinas emergentes al otro lado del río. "¡¿Cómo pude dejarlas en casa?!", se preguntó a sí mismo, pues se consideraba una persona sumamente disciplinada en todas sus cosas; inclusive, colocaba las llaves en el mismo lugar siempre.

Más tarde, sentado con su esposa en un par de sillas mientras miraban la luna en cuarto menguante desde la tranquilidad del corredor de su casa, recordaría la ocasión como un acto bondadoso del cielo.

Cierta vez, cuando don Matías recibió una cuantiosa suma de dinero proveniente de la venta de unas cabezas de ganado, con la habilidad de una experimentada costurera, su esposa le añadió una bolsa discretamente colocada debajo de la bolsa principal del pantalón, para que él llevara el dinero al banco.

Y desde esa ocasión tan memorable también acostumbraba a llevar las llaves de la casa en este sitio.

- ¡Qué tonto he sido! - exclamó el dueño de la finca con vergüenza, al notar que no se encontraban en su sitio-. ¿No ve usted que dejé las llaves de la casa sobre la mesa?, exclamó, en un fallido intento de esconder el súbito enrojecimiento de sus mejillas.

-Y ¿cree usted que las dejó en la casa? - preguntó el hombre, pasando la mano derecha por el cabello, como si estuviera acomodándose los cabellos; desordenados ya, a causa del chorro de sudor que le bajaba por la frente.

-No hay nada de qué preocuparse; vamos a mi casa a recogerlas- exclamó don Matías con toda la naturalidad del mundo, anticipando que el hombre podría desistir de continuar con sus planes; o quizá, podría acompañarle hasta su casa.

Pero, para el comprador, no era algo que podía decidirse a la ligera, pues estaba encantado con la finca.

Por unos instantes el hombre titubeó, sin lograr con éxito ocultar la creciente impaciencia que se había apoderado de él ya que sentía genuino interés por adquirir la propiedad; no obstante, necesitaba ver la casa por dentro para asegurarse de que ésta llenara sus expectativas.

Justo un mes atrás, don Matías había colocado un juego de llaves en una bolsa plástica; luego tomó la bolsa y la enterró debajo del primer árbol de mandarina que sembró cuando le formuló aquella promesa a su padre. Posteriormente, cubrió la pequeña bolsa con tierra y sembró flores de rápido crecimiento. Con una mezcla de astucia y conocimiento de la mente humana, se dispuso a sembrar más flores debajo de otros árboles; por supuesto, de colores diferentes.

"¡Nadie se imaginaria que están aquí!", pensó.

Absolutamente nadie.

Pero este momento no era el más apropiado para permitir que un extraño descubriera su secreto, por lo que resolvió quedarse callado y esperar que el hombre tomara una decisión; por ambos.

Oportunamente, el hombre dijo: Don Matías...yo tengo unas cosas pendientes en San José; no obstante, estaría feliz de regresar mañana si usted no tiene inconveniente.

- ¡Me parece excelente idea! - exclamó don Matías con cierto alivio en su corazón; no obstante, éste era un sentimiento contrario al que pensaba que iba a experimentar, pues los ademanes resueltos del hombre le indicaban con absoluta claridad que éste estaba dispuesto a finiquitar la transacción de compra.

Don Matías desistió de continuar buscando las llaves, y posteriormente, invitó a su cliente a caminar con él en dirección al portón por el mismo camino que anteriormente los había traído hasta la casa.

Mientras ambos caminaban hacia el viejo portón, el hombre hizo algunos comentarios acerca de ciertos aspectos de la finca, al mismo tiempo que don Matías percibía el creciente interés que ésta había causado en él; apenas el hombre dio el primer paso hacia la casa unos minutos atrás.

Una vez que llegaron hasta el portón, el hombre estrechó la mano de don Matías; no sin antes recordarle al dueño de la finca que era necesario que acordaran una cita para el día siguiente: ¿Qué le parece si nos vemos aquí mañana...a las dos de la tarde?, preguntó efusivamente, con la mirada fija en la de don Matías.

-Me parece muy bien- respondió don Matías, con la voz un poco entrecortada, debido a un poco de saliva que se interpuso entre su garganta y sus emociones.

En cuanto el hombre inició la caminata cuesta abajo, don Matías cerró el portón, al mismo tiempo que le seguía los pasos con el rabillo del ojo. En ese instante, recordó que su esposa seguramente estaría esperándolo con un apetitoso almuerzo que posiblemente le sorprendería; como le había sorprendido cada día desde que llegó con él a estos bellos parajes.

Con esto y muchas otras cosas en mente, don Matías jaló el portón hacia sí, y seguidamente procedió a cerrar el candado. Luego de unos instantes, el hombre caminó hacia la camioneta con cierta lentitud, mientras que, con su oído derecho, escuchaba el sonido que emitían los frenos del carro al intentar bajar la tortuosa cuesta en reversa.

Una vez que don Matías se cercioró de que el auto había desaparecido detrás de la primera curva, abrió la puerta de la camioneta, se sentó y cerró la puerta con suavidad. Seguidamente, inclinó su cuerpo un poco y abrió la gaveta de la guantera para tomar el teléfono y marcar el número de la casa; instante en el cuál le pareció ver un objeto en la alfombra de hule a los pies del asiento del pasajero.

"Definitivamente estoy loco", pensó el hombre, absolutamente sumido en un mar de aguas profundas, al ver el manojo de llaves que supuestamente había metido en la bolsa del pantalón en el momento en que dejó la casa a primera hora de la mañana.

Por lo tanto, el hombre se inclinó para recogerlas, y una vez que las tomó con su mano derecha, comenzó a tocarlas con ambas manos mientras intentaba, en vano, recordar las circunstancias bajo las cuales el llavero podía haber llegado a parar a la alfombra.

No obstante, tomó el teléfono y procedió a marcar, con cierta lentitud, el número de la casa.

- ¡¿Matías?!- respondió la mujer, sumamente extrañada al oír la voz de su esposo al otro lado del auricular.

-Nidia... en unos minutos llego-exclamó el hombre, con un inusual tono en la voz.

-Está bien- respondió ella sin hacer preguntas, aunque en el fondo sabía muy bien que algo no andaba como debía.

-Te cuento cuando llegue a la casa...ahorita llego-reiteró él, haciendo una promesa de comunicarle a su esposa información pertinente a sus asuntos; cosa que no acostumbraba a hacer.

-Está bien- respondió ella con ternura en su corazón; luego, con mano temblorosa, colocó el auricular del teléfono inalámbrico en su sitio.

De inmediato, la mujer se dispuso a extender un mantel de cuadros de color azul y amarillo sobre la mesa de madera donde, apenas esta mañana, los dos habían desayunado sin cruzar más de cuatro o cinco palabras.

Seguidamente, Nidia se dirigió hacia la cocina y colocando un guante de lona en su mano derecha, abrió la puerta del horno con el fin de sacar una cazuela que contenía un sabroso pollo horneado arrullado entre trozos de papa y zanahoria.

Y como si los minutos no transcurrieran con rapidez, el dueño de la finca arrancó la camioneta, dio vuelta en la entrada de la finca, y bajó por el camino un metro a la vez, con el fin de intentar vislumbrar el carro del hombre; aunque fuera a la distancia.

Precisamente, necesitaba asegurarse de que éste había bajado por el camino sin los frecuentes tropiezos que las intensas lluvias de la noche anterior podrían causarle a un conductor que no estuviera bien familiarizado con el camino; por más experimentado que éste fuera.

Mas, guiado por el mismo nivel de astucia que tiene un pájaro cuando atrapa un insecto que vuela en el aire, don Matías miró en todas direcciones, pero no logró ver el auto estacionado por ningún lado. Seguramente el hombre había logrado vencer las sutiles ondulaciones de cada curva; llegando así, libre de temores, al centro del pueblo. Una vez allí, ciertamente no tendría dificultad alguna para encontrar la ruta que le llevaría, en forma directa, hasta la salida a la calle principal.

Al llegar al final de la cuesta y dirigiéndose hacia al centro del pueblo, don Matías continuó unas cuadras más, hasta llegar a la pulpería que se hallaba en la esquina de la plaza; y fue justamente en ese sitio, donde giró a la derecha con el propósito de subir la cuesta que le llevaría hasta su hogar.

Mientras tanto, doña Zinnia había corrido hacia la puerta de la entrada de la casa al escuchar el distintivo sonido que las llantas de la camioneta hacían al pasar por las piedras de la calle de lastre que llegaba hasta la puerta. No obstante, en lugar de la camioneta roja de su esposo, vio un carro celeste en la entrada y un hombre de mediana estatura que procedió a bajarse de ésta; era Jorge, el mejor amigo de su esposo.

De prisa, bajó las gradas del corredor y caminando de manera muy resuelta, con una sonrisa en su cara le preguntó al hombre: *Diay, Jorge, ¿qué te trae por aquí?...

*Diay: *The word 'diay' is used quite frequently in Costa Rican Spanish in a number of different situations. Mostly meaning: what's up? I'm not sure, ¿who knows? among others.*

- ¡Hola! -, gritó. Ya vengo...solamente voy a bajar unas cosas del carro. Luego, se bajó del carro; cerró la puerta y caminó hasta la joroba para sacar un saco grande que traía ahí adentro. —Mira lo que te mandó

Celina- exclamó, al mismo tiempo que se echaba el saco al hombro y subía los tres escalones de piedra que llegaban hasta el corredor.

La mujer guardó silencio de pronto; luego se echó a reír. Pero ¿qué traes ahí?... ¿acaso te echaron de la casa? - dijo ella riéndose.

-Todavía no; aunque me lo merezco...aquí te manda Celina...para que hagas tus pasteles de limón-dijo finalmente.

Zinnia se acercó al corredor, subió los tres peldaños de un solo brinco, y movida por la curiosidad que se había apoderado de ella se acercó para ver dentro del saco.

- ¡Qué son esos limones...Jorge! No me digas que son limones criollos-, añadió con una sonrisa que le salió del alma.

-Pues...aquí tienes para rato; aprovéchalos, pues ya está pasando la cosecha- dijo el hombre, y luego dirigió su mirada hacia la camioneta de don Matías que justo venía entrando por el portón de hierro pintado de azul; igual que el de la finca.

- ¡Jorge! -, exclamó don Matías, una vez que metió el freno de mano y abrió la puerta de la camioneta. ¿En qué andas?

-Pues, vine a dejarle a Zinnia unos limones que le mandó Celia- respondió su amigo con gran alegría. De hecho, tengo que bajar donde Carlos a llevarme un cemento- respondió de pronto, al mismo tiempo que sacaba un pañuelo blanco de la bolsa de su camisa azul para limpiar con éste las gotas de sudor que iniciaban el descenso por sus mejillas.

- ¿Por qué no entras y nos tomamos un refresco? -

-Está bien... ¡qué calor hombre! -

-Así va a ser el aguacero-

Adentro, doña Zinnia caminaba presurosa de la cocina a la mesa y de la mesa a la cocina, colocando la comida en la mesa; además, un ancho pichel de vidrio que contenía limonada recién preparada con limones criollos y azúcar cruda. Al ver a los dos hombres entrar por la puerta, dijo: ¡Ya está listo el almuerzo! Siéntense y sírvanse un vaso de limonada con hielo.

Una vez que comieron todos, los hombres salieron al corredor y se sentaron en una silla; y fue entonces que don Matías aprovechó para contarle a su amigo los detalles de la conversación que tuvo con el supuesto comprador de la finca.

Por alguna razón, que hasta el momento continúa siendo inexplicable, tres palomas grises de gran tamaño se posaron sobre la rama más baja de un árbol de marañón, y de súbito, entonaron una triste y prolongada melodía que duró hasta que el sol desapareció detrás de las montañas; sin dejar rastro alguno.

Al igual que... el carro del hombre.

Solamente Zinnia notó su presencia repentina desde la ventana de la cocina, y recordando las palabras de sus ancestros, aprovechó el momento en que su esposo entablaba conversación con su amigo para entrar presurosa a su alcoba y encender una vela de color blanco.

A escasos cinco metros del corredor donde ahora se encontraban los dos hombres de pie, junto a una de las vigas de madera que subían hasta el cielo raso del corredor, se hallaba el formidable y viejo tronco de un higuerón; haciendo alarde de sus ciento y resto de años de edad.

En un arranque de nostalgia, don Matías se volvió para echarle una mirada de agradecimiento; seguidamente, se puso de pie y caminó hacia él. Luego, ya frente a su viejo amigo de la niñez, sacó un pañuelo de la bolsa del pantalón; lo colocó sobre el tronco, y se sentó sobre unos ladrillos que había dispuesto alrededor del árbol justo para este propósito.

-Bueno...la cosa está así- dijo, terminando así su relato como si de esta manera pudiera saborear cada palabra que salía de su boca.

- ¡No pensarás que vas a ir a la cita! - exclamó don Jorge, el más antiguo de sus vecinos; amigo íntimo del tronco de higuerón, pues compartían muchas memorias de aquel rincón escondido entre las montañas.

-Tengo que ver- respondió Matías; luego, se quedó en silencio.

Después de un prolongado tiempo de estar de rodillas y murmurar una plegaria frente a la vela blanca, consumida en parte ya, por la corta y gruesa llama resplandeciente, la esposa de don Matías se puso de pie con cierto esfuerzo.

"¿Cómo me van a estar doliendo las rodillas a esta edad?", se preguntó.

Es que ella estaba acostumbrada a rezar cuando se encontraba en su huerta; de pie.

Acto seguido, la mujer caminó hacia la amplia ventana que daba al oeste, y de inmediato, tomó los dos paños de las largas cortinas de color violeta con ambas manos procediendo de esta forma a cerrarlos; no sin antes, observar las tres aves mensajeras emprender, de repente, el vuelo de regreso a sus orígenes.

Con cierto alivio en su espíritu, pero aun acompañada de un par de preguntas, la mujer cerró las pesadas cortinas de un solo golpe; dejando la pequeña estancia sumida en la oscuridad de sus temores.

Acompañada, entonces, por el único rayito de sol que entraba aún por una de las finas rendijas escondidas en la pared de madera, doña Zinnia encendió la lámpara de pie junto al sillón azul donde su esposo se sentaba todas las noches a mirar las noticias por la televisión.

Seguidamente, la mujer dio unos pasos hacia la ventana de la cocina, desde donde atisbó de puntillas el majestuoso paisaje que ofrecía el atardecer; logrando de esta forma, observar los dos hombres mientras éstos conversaban afuera, en voz baja.

Aun así, lograron interrumpir la inerte soledad de las montañas que los rodeaban con sus brazos justo en el momento en que las tres palomas regresaban para posarse sobre el higuerón, y entonar una vez más, la vieja melodía que tan bien conocían.

-Bueno, Matías...ya cayó la noche-dijo Jorge, dándole un abrazo a su amigo. ¿Por qué no le preguntas a la almohada que piensa ella de todo esto?

-Sí; la verdad es que no tengo ninguna prisa-

En medio de la oscuridad de la noche, don Matías observó el carro de su amigo hasta que éste se perdió más allá del portón de la casa. Presuroso, el hombre entró a la casa; cerrando la puerta tras de sí.

-Tengo comida que puedo calentar...si quieres-exclamó la esposa, mientras guardaba los platos de porcelana recién lavados y secados en los muebles de cocina.

-No tengo hambre...de veras, pero sí me tomaría un té de manzanilla-respondió él con cierto desánimo, pues realmente no podía pensar en comida en este momento.

A sólo cinco pasos de la acogedora sala, Zinnia miró por la ventana, pero ya las palomas habían alzado vuelo hacia las estrellas; por lo que dejó de pensar en ellas y sacó una planta de manzanilla que estaba dentro de un vaso de agua.

Seguidamente, abrió una de las gavetas con el fin de sacar un cuchillo recién afilado en la piedra de afilar que mantenía debajo de la ventana. Procedió, entonces, a hervir agua, y al cabo de cinco minutos vertió ésta en dos jarros llenos de picadura de hojas y flores de manzanilla.

-Aquí tienes...cuidado te quemas, pues está muy caliente-dijo, al mismo tiempo que le entregaba un jarro de infusión de manzanilla a su esposo; luego, se sentó en un sillón justo en frente de él.

-Gracias; está delicioso... ¿qué le pusiste? -preguntó el hombre, de pronto invadido por la curiosidad, una vez que tomó el primer sorbo de aquella bebida aromática y reconfortante que su mujer le había preparado.

-Es una planta de manzanilla, bastante madura ya...te ayudará a calmar el espíritu-respondió su mujer.

-Sabes que...hay algo que quería contarte-dijo él en voz baja, pues no estaba seguro de querer contarle sobre la posible venta de la finca. Después de todo, había sido ella la que sembró todas las plantas de Reina de la Noche para proteger la finca de los malos espíritus, y de algún visitante non grato que pudiera llegar con malas intenciones.

Era muy sabido en la zona, que algunas veces se aparecían grupos de ladrones acechando las propiedades de los lugareños; sin embargo, doña Zinnia aprendió de su padre, desde muy pequeña, que la Reina de la Noche de flor blanca tenía la potestad de crear en el visitante non grato una fuerte sensación inesperada de intranquilidad que pronto causaba que éste desistiera de entrar a una propiedad; especialmente, si esta planta se encontraba al lado izquierdo de la entrada.

-Creo que es mejor que se lo dejes a la almohada-respondió ella con calma, pues sabía muy bien que a la mañana siguiente su esposo tendría la respuesta que buscaba en todo lado; especialmente si ésta todavía no llegaba a él.

-Sí; la verdad es que mejor me voy a dormir-dijo él, levantándose del sillón.

Posteriormente, colocó la mano derecha en la cintura e intentó estirar la pierna izquierda un poco; luego, tomó la taza vacía y la llevó a la cocina. Su esposa caminó hacia donde él se encontraba, lo tomó de la mano y le dijo con voz suave y prudente: ya llego...no me tardo.

El hombre no se atrevió a tratar de vencer el sueño, pues era éste el que parecía estar ganando la batalla. En lugar de luchar contra él, se dirigió al baño para lavarse los dientes y quitarse la ropa que lo había acompañado durante el día. Luego, tomó un pijama recién planchada del mueble del baño; se la puso, y se dirigió directo a la alcoba.

Primero, se deslizó entre las sabanas; posteriormente, se dio la vuelta de medio lado hasta quedar con el corazón directamente tocando el colchón, y por último perdió la noción de todo lo que acontecía a su alrededor.

Esa noche soñó. Soñó que caminaba a lo largo de una calle sumamente transitada; una autopista, quizá. Luego de caminar un largo trecho, vio un caserío a la derecha y una casa en él que le llamó mucho la atención. Fue por esta razón que el hombre decidió bajar unos escalones de tierra, forjados por una pala, o el paso del tiempo aunado al frecuente transitar de los que allí moraban.

Bajó pues; bajó tres, cuatro, nueve, trece escalones, y de pronto, llegó a la puerta de una sencilla vivienda; a decir verdad, era una choza de madera pintada con pintura de aceite de color verde hospital. Pausó por unos segundos, y luego tocó a la puerta; tres veces para ser exactos. Esperó.

En el sueño, el tiempo se le hizo eterno, pero en realidad, pasaron solamente unos segundos hasta que una mujer gruesa, de pelo negro corto se asomó a la puerta. –Pase-dijo ella-. Yo sé quién es usted...pase, pase, por favor. Luego de insistirle en que pasara, don Matías decidió pasar a la sala de la pequeña casa, aunque no tenía deseos de hacerlo.

Fue en ese momento que "supo" que estaba ahí porque no tenía dinero, y necesitaba alquilar una habitación que había encontrado en un anuncio clasificado publicado en un periódico que obtuvo en un supermercado.

-Esta es la habitación-dijo la mujer, indicándole con un gesto de la mano el sitio donde se encontraba una de las tres habitaciones que se alquilaban.

De pronto el hombre sintió que le invadía un sentimiento que quiso traerle lágrimas a los ojos, pero en lugar de eso, el hombre tragó fuertemente, y se dirigió hacia la puerta de la alcoba como quien no tiene otra opción que rendirse ante la muerte.

Con toda la prudencia que le caracterizaba, el hombre abrió lentamente la puerta de la pequeña estancia.

Se quedó de pie junto al marco de la puerta, ante la visión de una oscura alcoba con una sola ventana pequeña que descendía del cielo raso; ocupando apenas veinte centímetros de la pared. Aunque eran aún las nueve de la mañana, los rayos del sol se habían quedado atrapados dentro de las espesas hojas de una veranera que crecía en el pasillo de cemento afuera de la casa. Fue precisamente este detalle que provocó que el hombre sintiera un vacío en el estómago.

De pronto, conforme sus ojos se fueron acostumbrando a la penumbra que inundaba la estancia, pudo observar una cama pequeña a un lado, situada contra una de las paredes. Al lado opuesto de la cama, como un pájaro herido, se sostenía a duras penas, un viejo estante de madera; despintado por el cruel e inevitable maltrato brindado por otros inquilinos.

De pronto, sus sentidos fueron capaces de captar el fuerte olor proveniente de la existente humedad, incrustada para siempre, en las profundas ranuras escondidas en las paredes de cemento.

A escasos tres pasos detrás de él la mujer le repetía incesantemente la misma pregunta; una y otra vez, pero don Matías trató en vano de encontrar las palabras para poder entregarle una respuesta: Y bien... ¿Qué le parece?, preguntó ella, de forma insistente.

Antes de que el hombre tuviera la oportunidad de responder, pasó corriendo por el pasillo, un niño de aproximadamente cuatro años de edad salió corriendo por la puerta de la casa, y desapareció. Fue entonces que don Matías se percató de que la mujer ni siquiera se inmutó al verle; más bien, al hombre le pareció que ella ni siquiera se dio cuenta de su fantasmal presencia.

Sintió entonces, que le invadía un incontrolable deseo de salir corriendo detrás del niño, pero sus piernas se negaron a obedecerle.

Y fue exactamente en ese mismo instante, que don Matías despertó de un sobresalto; sentándose de un solo tirón en la cama al mismo tiempo que sus pulmones luchaban por recuperar la respiración, en medio de un convulsivo ataque de asma.

Como alertada por una sirena que avisa a una comunidad sobre un inminente desastre natural, su esposa salió de la cocina con las manos húmedas, y se dirigió a toda prisa hacia la alcoba cuando escuchó un solo grito que duró para siempre. Al llegar a la puerta, logró ver a su marido sentado en la cama.

El hombre se sostenía la cabeza con ambas manos, mientras su cuerpo de mecía en convulsiones; al igual que sucede cuando un bote de pescadores se encuentra a la orilla del mar, sujeto éste a un ancla, a merced de la tormenta que viene del Océano Pacífico.

-Matías...hombre; ¿qué pasa? -dijo ella en voz baja, con la intención de transmitirle consuelo a su esposo. Luego de una pausa, añadió: fue solamente un sueño...no te preocupes...eso es todo. Seguidamente, la mujer se sentó sobre la cama, y lo abrazó con extrema ternura, al igual que lo hace una madre cuando su niño se despierta a medianoche perseguido por monstruosas formas.

Y de esta forma, don Matías comenzó de manera paulatina, a recobrar la razón. Su cuerpo, bañado en sudor, recuperó su temperatura normal mientras su esposa esperaba que él le narrara la secuencia de eventos que lo habían puesto en tal estado de desesperación.

Sin embargo, no fue hasta unos minutos después que el hombre logró incorporarse en la cama, bajó las dos piernas, y bajó también los pies hasta tocar con ellos el frio piso de la alcoba; ya en tierra firme.

Seguidamente, su esposa se sentó a su lado, y el hombre aprovechó la ocasión para rodearle los hombros con su brazo derecho y atraerla hacia sí.

En pocas palabras, el hombre le narró a su esposa los acontecimientos de las últimas dos semanas, desde el primer día que la estaca de la duda le entró directamente en el corazón, hasta el día en que recibió la llamada de Diego Cazafuentes.

A fin de cuentas, no había nada que perder, pues ya lo había perdido todo en el sueño.

-Voy a bañarme-dijo, luego de una larga pausa.

-Es mejor-respondió ella.

Afuera, apenas iniciaba el día.

Adentro, don Matías se levantó de la cama, se metió al baño y se dio una ducha prolongada. Doña Zinnia aprovechó que su esposo se encontraba en el baño para dirigirse a la cocina y poner el agua a hervir con el propósito de chorrear un par de tazas de humeante café.

Mientras tanto, su esposo tomó la rasuradora y comenzó a afeitarse frente al espejo. Sabía muy bien que éste era el único amigo, aparte de su esposa, capaz de decirle la verdad; sin fallar una sola vez. Fue por esa misma razón, que, al colocar la rasuradora a un lado, sobre el mueble del lavatorio, sabía exactamente lo que tenía que hacer.

Y al pensar en la decisión que su amigo le había aconsejado que tomara, la sonrisa le volvió a la cara.

Por último, don Matías salió del baño, y sin pronunciar palabra alguna, se dirigió hacia la sala para dejarse caer de golpe sobre el sillón. Iba a ponerse las botas, y de inmediato, llamar a Diego Cazafuentes para decirle que había decidido no vender la finca, y que deseaba pedirle disculpas por no haberlo llamado antes.

No obstante, prefirió primeramente ponerse las botas y colocar ambas manos sobre los brazos del sillón con el fin de que éstos le ayudaran a ponerse de pie, pero algo inesperado sucedió antes de lograr su objetivo.

Solamente trascurrieron unos minutos de paz interrumpidos por el timbre del teléfono. Fueron solamente tres timbrazos, pero suficientes para que doña Zinnia se apresurara a entrar a la sala y lograra tomar el auricular antes de que el teléfono diera un último aviso.

- ¿Sí? sí...aquí está-respondió ella, al mismo tiempo que se volteaba para dirigirle la mirada a su esposo haciendo un gesto con sus ojos para que él supiera que la llamada era para él.

-Es Jorge-dijo-. Parece un poco preocupado; toma...es para ti.

Afuera, se escuchó el canto de un pecho amarillo; posiblemente avisándole a su pareja que había cazado un insecto al pie de algún árbol centenario.

Adentro, se escuchó un golpe; en el momento en que don Matías soltó el auricular y éste quedó guindando sin tocar el suelo; sujetado únicamente por el cable retorcido que le unía al aparato hasta que el inevitable paso de los años y el continuo uso de sus dueños los separara.

Pudo haber pasado solamente un minuto desde que don Matías soltó el auricular, y se dejara caer pesadamente sobre el sillón, pero fue un minuto lo suficientemente largo como para permitirle a su esposa tomar el auricular y colocarlo de nuevo donde éste pertenecía.

Fue ese mismo minuto el que se convirtió en el momento más largo de sus vidas.

Una vez que el hombre logró recuperar la voz, se le escaparon unas palabras: Anoche en el bajo de la quebrada...encontraron el carro del hombre que me iba a comprar la finca...ya la policía vino para llevarse el cuerpo.

Luego de unos segundos, don Matías añadió: Parece que el hombre intentó asaltar la casa de Macho S... y como Macho salió con una pistola, el hombre se montó al carro y salió a toda velocidad.

Su esposa estiró el brazo derecho para coger las palabras lanzadas al aire y las sujetó con fuerza para no dejarlas salir por la ventana. Luego, llevó las palabras y las colocó sobre la mesa donde la noche anterior había encendido la vela blanca.

Y tomando otra vela de la caja de cartón, la encendió para entregarle las palabras.

Afuera, de pronto se escuchó el triste canto de una paloma, segundos antes de alzar vuelo hacia lo alto del esbelto árbol de marañón.

Adentro, el hombre bajó la cabeza y sin levantarla, murmuró una plegaria por el alma del difunto.

Va De Mal En Peor-He's Only Getting Worse

La puerta principal de la casa se abrió de pronto para dar libre paso a la urgente presencia del médico del pueblo.

El antiguo reloj de pared dio las tres de la mañana mediante una campanada que estremeció la imperante tranquilidad en el recibidor, al igual que en el resto de la casa.

Una mujer de baja estatura, de pelo negro lacio que le caía hasta los hombros, envuelta en una cobija blanca con pequeñas flores celestes y hojas en dos tonos de color verde, salió al encuentro del hombre que acababa de entrar a paso lento; procurando así, no interrumpir el silencio imperturbable de la situación.

No obstante, la súbita campanada del reloj se encargó de despertar a todos los que dormitaban el pacifico sueño de los seres que tienen la conciencia limpia.

Solamente el enfermo, dejando su alma a la merced de los ingratos recuerdos obsesivos que le invadían apenas se ponía el sol, continuaba dormitando con los parpados cerrados e inmóviles.

La mujer, descalza y con una triste y lánguida mirada colmada de esperanza al ver al médico entrar por la puerta, se acercó a él y en voz baja le dijo: Andrés, tengo el presentimiento de que Isaías va de mal en peor.

Luego, estirando el brazo, tomó el maletín del médico, y le siguió hasta la habitación donde se encontraba su esposo; sumido en un profundo sueño, después de haber batallado con una insistente tos seca, la cual hacía unas semanas, no le dejaba respirar durante las primeras horas de la madrugada.

El medico cruzó el umbral del dormitorio seguido por la esposa de Isaías quien caminaba de puntillas detrás de él; procurando así, no hacer ruido. El médico se detuvo a escasos veinte centímetros de la cama del moribundo, y al mirar la silueta del enfermo, colapsado en su cama, cruzó los brazos sobre el pecho antes de decidir si se quitaba el saco, o si se lo dejaba puesto para protegerse así del frio que competía de manera feroz con el calor que arrasaba en llamas el desvalido cuerpo del hombre.

-Andrés-dijo la mujer, en un intento fallido de romper el sepulcral silencio que no cesaba de cantar; ¿quieres que te traiga un café? ya está chorreado.

-Si ya está chorreado, entonces sí-alcanzó a decir el médico, al mismo tiempo que tomaba asiento a los pies de la cama del enfermo, procurando no hacer ruido a la hora de sentarse sobre la cama cuyo colchón se sostenía mediante tres tablas.

Éstas, con el paso de los años habían aprendido, de forma autodidacta, a crear sus propias notas musicales; alertando a todos los presentes si el enfermo hacia el menor movimiento, pues un movimiento de éstos podría significar dos cosas: una leve mejoría, o un ataque de tos.

En este momento, no se sabía cuál podría ser.

-Voy a encender la cocina para hacer el desayuno; quizá de esta forma, los tizones logren calentar la casa un poco-dijo ella, buscando una forma de salir del cuarto con la finalidad de dejar los dos hombres solos; quizá con la esperanza de que el médico pudiera realizar un milagro.

-En la lejanía, un perro ladró; luego, al percatarse de que nadie se asomaba a ver lo que pasaba, se volvió a dormir.

-Aquí tienes-susurró la mujer, entrando de repente a la estrecha habitación con un jarro de porcelana azul sujetado por ambas manos; de aquellos jarros que en estos tiempos solamente pueden verse en exhibición, en las viejas vitrinas de los mercados municipales de las ciudades.

-Gracias, Adelina-dijo el médico con voz temblorosa; asimismo, liberando a la mujer del peso del jarro de café, al sujetar éste con su mano derecha. Seguidamente, la mujer le preguntó si era buena idea que ella aprovechara que él se encontraba ahí para ir ella a darse un baño antes de que su esposo despertara.

El medico aprobó la idea con un gesto de la cabeza, asegurándole que él estaría al cuido del enfermo. Seguidamente, el hombre se llevó el jarro de café a los labios mientras su mirada, de pronto atraída por el color de las paredes, iniciaba un largo viaje a través, y a lo largo de la estrecha habitación.

Notó pues, que en la cabecera de la vieja cama, Adelina había colocado una imagen del poderoso arcángel San Miguel, cuidadosamente tallada en madera por las manos de la escultora.

Fue entonces que el medico recordó que, en una ocasión, durante la visita a la casa de uno de sus pacientes, había escuchado comentarios acerca de los talentos artísticos de la esposa de Isaías, pero no fue hasta que sus ojos se posaron sobre una verdadera obra de arte esculpida por ella, que el medico se dio cuenta de la maravillosa forma en que Dios guiaba las manos de la mujer.

Ahora, observando con detenimiento la imagen frente a sus ojos, recordó de forma detallada, el relato que había escuchado aquella tarde cuando una de las señoras presentes en la sala de la casa donde él se encontraba hacia como un año, relataba como en una tarde del mes de septiembre, las lluvias torrenciales bajaron desde lo alto de las montañas arrasando algunos árboles que se atrevieron a interponerse en el camino.

A la mañana siguiente, Adelina bajó por las paredes de la montaña, y sujetándose con fuerza de una roca, la mujer tomó un trozo de madera de un árbol que no tuvo otra opción, más que rendirse ante la furia de la correntada de agua que corrió detrás de la casa. Luego de largas e intensas horas de trabajo, ayudada por la luz chispeante de una vela blanca, con diferentes tamaños de gubias, la mujer inmortalizó la memoria del viejo árbol; logrando así, modelar el semblante amoroso, además del cuerpo fornido del arcángel; cubierto éste, por una capa que mostraba cada hendidura de sus numerosos pliegues.

En fin, toda una obra de arte que Adelina había confeccionado entre lágrimas y sollozos, con la finalidad de encargarle al santo la ardua tarea de defender el alma de su esposo en sus incesantes y largas batallas contra los indomables demonios nocturnos que eran los causantes de las altas fiebres que le acosaban en las primeras horas de la madrugada.

A un lado de la estancia, las viejas tablas de madera que conformaban la pared sujetaban un cuadro con una antigua fotografía de los difuntos padres de Isaías, tomada por un experto fotógrafo de la localidad, el día que ellos se conocieron.

De pronto, sobrecogido por las fuertes emociones que reinaban en la pequeña estancia, el medico notó que las tablas de color verde pálido de la pared hacían un leve contraste con el marco de madera pintado de color bronce.

Notó también, que a pesar de la alegría que irradiaban los rostros de la pareja, éstas no se comparaban con la profunda tristeza que invadió el semblante de su hijo a partir del día que cayó en cama; preso de un oscilante estado febril que iba y venía tan pronto como el reloj daba la medianoche.

Al lado opuesto de la estancia, interrumpida por el marco de la puerta, la pared de tablas estaba pintada del mismo color verde claro; solamente que, en ésta, Adelina había colocado un cuadro que mostraba el paisaje campestre de la zona de Sarchí.

En el cuadro, el famoso pintor Fausto Pacheco, había plasmado el alma de una casa de adobe, rodeada de tapias blancas con veraneras que caían de éstas; rebosando de flores con tonalidades de colores vibrantes que iban desde el rojo más intenso que un ser humano puede ver con sus ojos, hasta el amarillo más pálido que existe en esta especie de plantas enredaderas.

La casa, de probablemente unos ciento veinte años ya, se encontraba rodeada por montañas de diversos tonos de azul, con los cuales el pintor marcaba la cercanía, al igual que la lejanía de éstas.

De manera súbita, el reloj en la pared de la sala dio las cuatro de la mañana; interrumpiendo de esta forma los pensamientos del médico. Por otra parte, los pasos de Adelina entraron a la habitación, recordándole al hombre la verdadera razón por la que éste se hallaba ahí.

De manera instintiva, el médico se volteó de repente, para seguir la figura de la mujer cuando ella se dirigía hacia la ventana del cuarto; abriéndola de par en par.

Afuera se escucharon los cantos de los yigüirros madrugadores al anunciar que muy pronto la penumbra de la noche daría paso a las tonalidades plateadas, las cuales posteriormente servirían de guía a la salida del sol.

-Adelina; es mejor que no tengas la foto de los padres de Isaías a la par de la cama-exclamó el médico con suma cautela, pues no tenía derecho alguno de meterse en asuntos que no eran de su incumbencia.

Luego, ante la mirada de incertidumbre que notó en el rostro de la mujer, añadió: No es que yo sea supersticioso, pero desde que era niño oí a mi madre decir que no es alentador para un enfermo recordar a sus padres difuntos.

-Tienes razón; Andrés-. Tienes toda la razón. Y diciendo esto, la mujer retiró el cuadro de la pared para luego salir de la habitación y colocar éste en un sitio más apropiado; lejos del enfermo.

-La respiración de Isaías se oye bien; por el momento-dijo el médico, haciendo un esfuerzo por no despertar al enfermo-. No obstante, es mejor que me quede hasta que él se despierte, y de esta forma podré examinarlo cuidadosamente; añadió.

Fue entonces que, debido a las voces a su alrededor, o quizá por el desenfrenado canto de las aves, Isaías se dio la vuelta en la cama y abrió los ojos lentamente, mientras éstos le ayudaban a distinguir las dos figuras fantasmales que le miraban: una sentada a los pies de su cama; y la otra, de pie junto a la primera.

De forma cautelosa, Adelina se acercó a su lado, de manera que al disminuir la distancia que la separaba de la cama no asustara al enfermo si ella hacía algún tipo de movimiento que pudiera sacarle de su ensoñación.

- ¿Cómo te sientes, amorcito? Andrés está aquí...vino por su propia cuenta-dijo ella, pues su esposo le había advertido en contadas ocasiones que no debía llamar al médico ya que él deseaba que la muerte le sorprendiera en su lecho; una vez que la fiebre abrazara su cuerpo.

No obstante, al tercer día de notar que su esposo iba de mal en peor, haciendo caso omiso de las órdenes de éste, la mujer había tomado el teléfono para avisarle al médico que su marido decidió, de forma irrazonable, no asistir a la cita médica que el hospital le había programado hacia tres meses, y así dejar que la enfermedad se lo llevara; paso a paso, sin que nadie pudiera hacer nada al respecto.

Debido a la urgencia implícita en la llamada de la mujer, el médico se apersonó a la casa del enfermo, aprovechando la hora de la madrugada ya que ésta era su mejor amiga, pues a esa hora Isaías se encontraba bajo la influencia de la infusión de manzanilla que su esposa le preparaba cada noche con el propósito de atraer el sueño reparador.

- ¿Cómo pasaste la noche, Isaías? -preguntó su amigo de la niñez con voz entrecortada, en un intento de comunicarse con su compañero de infancia; a pesar de que éste había cortado la comunicación con él años atrás. Pero ésta, es otra historia que en esta ocasión no viene al caso.

El reloj dio las cinco, y el sol salió de la montaña; súbitamente, tomando al enfermo por sorpresa con sus tenues colores de verano a tan temprana hora del día.

-Andrés...me alegra verte, pero no me imagino que haces aquí... en realidad, me siento un poco mejor-respondió el hombre, incorporándose en su cama con la finalidad de proporcionarle a su cuerpo una posición más favorable ya que al cambiar de posición, hacia un intento por mitigar el dolor que invadía sus cansados huesos.

Una vez que el hombre encontró una posición donde pudiera descansar su cabeza al mismo tiempo que lograba hablar con el médico, le dirigió la mirada; colmada de cansancio. Posteriormente, Isaías dirigió su mirada en dirección al rostro conmovido de su esposa.

Al mirarla de reojo, recordó que ya no era el hombre que acostumbraba a ir con ella hasta los rincones más escondidos de las montañas, para luego besarla bajo las ramas de algún árbol de limón criollo en flor.

La niñez y posterior adolescencia de Isaías trascurrió de manera sumamente tranquila; sin incidentes trascendentales.

Había cursado la escuela primaria y secundaria en el pueblo de Sarchí, y siendo él un estudiante dedicado, los maestros y profesores no le prestaban mucha atención, pues era un niño bastante callado; sin nada que aportar a la clase cuando los educadores se dirigían a él para hacerle alguna pregunta.

Pero nadie sabía que el joven tenía un sueño: deseaba salir de su pueblo y explorar nuevos territorios donde pudiera experimentar, por cuenta propia, la forma de vivir de los habitantes de la ciudad; no obstante, el alcoholismo de su padre y la prolongada enfermedad de su madre le obligaron a dejar sus sueños atrás; convirtiéndose, de esta forma, en el hermano mayor que trabajó la finca de la familia para lograr enviar a sus hermanos a estudiar afuera.

Perturbado por los rencores y conformándose con dejar atrás sus sueños, el pobre hombre comenzó a internalizar todos sus sufrimientos, hasta que en una mañana esas en las que uno presiente que algo bueno va a pasar, conoció a su esposa Adelina.

Dos meses después, exactamente el catorce de febrero, Isaías trajo a su esposa a vivir a la finca con la finalidad de intentar traerle una pequeña cantidad de regocijo a su vida; pero por más que trató de ocultar sus rencores y resentimientos, poco a poco estos comenzaron a nadar hasta la superficie; manifestándose así en dolencias y arrebatos de mal humor que se habían tornado incontrolables.

De forma instantánea, el hombre intentó luchar para levantar su cabeza, pero todo esfuerzo fue en vano.

Fue por esta misma razón que su cabeza, al igual que el resto del cuerpo, se dejó caer una vez más sobre el viejo colchón cuyos resortes, soportaban aun de manera heroica, el frágil cuerpo del hombre.

-Isaías... si me lo permites, me gustaría oír tu pecho para ver cómo va esa tos-exclamó el médico, al mismo tiempo que apoyaba su mano sobre el colchón con el propósito de ponerse de pie, y sin esperar respuesta de parte del enfermo, dirigirse hacia la silla donde Adelina había colocado el maletín, horas antes.

El hombre, postrado sobre su cama, evitó responder la pregunta de su amigo, que se asimilaba más a un imperativo suave; asimismo, comenzó a desabotonar su camisa con los dedos temblorosos.

Al observar la dificultad con la cual su esposo intentaba liberar los botones de los ojales, uno a uno, la mujer se acercó a él con la finalidad de asistirle en la agotadora tarea, pero éste no le permitió que le ayudara.

–Yo puedo solo-exclamó de mala manera, mientras luchaba con los últimos tres botones que quedaban por liberarse.

Era cierto; él podía solo, porque el sentimiento de impotencia que le embargaba aunado a la irrazonable desconfianza que se apoderó de él unos años atrás, podía más que los sentimientos que tenía por su esposa; o, dicho sea de paso, por cualquier otra persona que deseaba acercársele con buenas intenciones.

Ella en cambio, de manera inocente, solamente deseaba que él supiera que estaría ahí para él; al igual que lo había hecho desde el día en que él perdió la razón, y de esta forma, le confesó que ella había sido el amor de su vida desde que él la conoció.

No obstante, en un momento como este, donde las personas son víctimas de la angustia generada por los sentimientos de vulnerabilidad, pareciera como si todo lo bello proporcionado por la vida, de repente quedara en el olvido.

Además, el hechizo bajo el cual se encontraba el hombre debido a la alta fiebre creaba un espejismo en el cual Isaías interpretaba, de forma poco acertada, las nobles intenciones de los seres queridos que le rodeaban.

Justo por esa razón, el medico se sentó al lado de su amigo, y con sumo cuidado, colocó el estetoscopio sobre el pecho de éste; no sin antes pedirle que respirara hondo y dejara salir el aire. Fue un momento de esperanza para Adelina, quien, sentada a los pies de la cama, observaba la forma experimentada mediante la cual el médico repetía el procedimiento.

Por un instante, un profundo silencio inundó la habitación, interrumpido de pronto, por un inesperado ataque convulsivo de tos, el cuál sorprendió tanto al médico como a Isaías; este último, a la merced de su atacante sin que él pudiera hacer nada para controlarlo.

Pasaron solamente dos minutos, no obstante, para el sabio medico de pueblo, fue tiempo suficiente para hacer el acertado diagnóstico.

Una vez que la tos se aquietó, Isaías se desplomó en la cama, un tano más sosegado, mientras el médico le daba indicaciones a la esposa para que ella trajera una palangana con agua tibia, y un paño pequeño.

Adelina salió de la habitación; momento que aprovechó el médico para hablar con Isaías.

-Isaías...tienes que contarme con exactitud qué es lo que sientes-dijo, tomándole la mano, como hace uno cuando realmente se tiene intención de comunicarse con alguien que no ha aprendido a dejar que los rencores abandonen su corazón.

El enfermo retiró su mano, en un acto súbito. El médico retiró la suya, colocándola sobre la cama. El enfermo volteó su mirada hacia el espejo que colgaba detrás de la puerta entreabierta, pero luego, no tuvo más alternativa que volver a reposar sus ojos sobre los ojos de su amigo.

-Andrés; la muerte ha tocado la puerta de esta casa, y ni la trenza de ajos que está guindando a la entrada va a detenerla-replicó, levantando el dedo índice de su mano derecha.

-Isaías...no es razonable que digas estas cosas...tienes una pulmonía y si tomas el medicamento que te voy a recetar, además de seguir todas mis indicaciones, no hay razón para que no te cures-exclamó el medico con voz suave; no obstante, dejándole saber que no era razonable aferrarse a una actitud obstinada, que, con certeza, utilizaba para manipular a todos los que le rodeaban.

Además, el médico sabía muy bien que su amigo albergaba rencores arraigados en su alma, con la misma fuerza que un higuerón se arraiga al suelo que le permitió nacer.

-Mira Andrés-dijo el enfermo, interrumpido de repente por los pasos de Adelina que acababa de entrar a la habitación ya que traía la palangana de agua, tal y como lo había indicado el médico.

La mujer colocó ésta sobre un banquito de madera, al lado de un bulto de San Rafael, y tomando el santo con una mano, dio un pequeño empujón a la palangana con la otra mano, de manera que la palangana quedara en su sitio.

El medico tomó el paño que la mujer llevaba colgado sobre su antebrazo, y con las dos manos sumergió éste en el agua tibia. Seguidamente, sacó el paño y lo retorció.

Luego, lo colocó sobre su brazo, y seguro de que el enfermo aguantaría la temperatura del agua, procedió a colocarlo sobre su frente.

-Adelina-dijo; ¿qué te parece si te das una vuelta por el pueblo y le dices a don Marcial, el de la farmacia, que te prepare el ungüento que yo siempre le pido? -

La mujer accedió con gratitud, pues necesitaba respirar aire fresco, y una caminata hasta el pueblo seguramente le devolvería la sonrisa al rostro.

-También, necesito que compres esto-dijo el médico, al mismo tiempo que sacaba un talonario de recetas y un bolígrafo de su maletín para escribir el detalle del medicamento que el enfermo debería tomar durante ocho días; sin objeciones de parte de éste.

-Además...cuando regreses, necesito que pongas agua a calentar, y traigas romero, eucalipto, hierbabuena, y una planta de manzanilla entera-añadió, sin darse cuenta que de pronto, el color regresaba al rostro del enfermo.

Adelina asintió con la cabeza y se fue a la sala para ponerse los zapatos; tomó el bolso, y cerró la puerta tras de sí.

El médico se acercó a la ventana de la habitación, y apenas logró ver la figura de la mujer en el momento en que ésta, serpenteando de un lado para otro, bajaba la cuesta empinada del camino de arcilla, casi roja, que la llevaría hasta el centro del pueblo.

Después, dio unos pasos en dirección a la cama de Isaías y con tono ciertamente amistoso le dijo: Ahora voy a ir a la cocina y te voy a traer una taza de café con leche para que te la tomes.

Ante el asombro del médico, Isaías aceptó la sugerencia de buena gana, y de forma animada, se incorporó en la cama. Luego, intentó colocar su brazo de forma que éste pudiera apoyarse sobre el codo; de esta manera, logró incorporarse un tanto sobre la almohada.

El medico salió de la habitación y se dirigió hacia la cocina donde el pichel de café colocado sobre el fogón aun echaba vapor. Con un rápido movimiento, alzó su brazo para abrir la puerta del gabinete de madera sobre la nevera, y sacó un jarro.

Seguidamente, lo colocó sobre el moledero de piedra que se extendía por dos metros; desde el borde junto a la cocina de leña hasta el borde que terminaba justo al lado de la nevera.

Mientras tanto, Adelina acababa de llegar a la farmacia y el farmacéutico, un hombre alegre de unos ochenta y cinco años de edad, le preparaba la famosa pomada de eucalipto, justo sobre el mostrador, con el propósito de mostrarle a la mujer la preparación de ésta por si algún día él faltaba, ella pudiera prepararla por sus propios medios.

Por supuesto, ante la noble disposición del viejo farmacéutico, la mujer encontró la esperanza que había dejado atrás el día que su esposo comenzó con la tos seca que les acompañaba a ambos a cada hora del día.

Y en un arrebato de confianza, decidió contarle al farmacéutico el relato sobre la forma en que su esposo, de forma paulatina, iba perdiendo la salud de su cuerpo.

Y también la de su mente.

En la casa, el médico tomó el jarro y lo llenó de café; posteriormente, tomó medio jarro de leche de vaca y lo mezcló en el café. El aroma de la poción mágica invadió la cocina al igual que el resto de la casa. Con ambas manos, tomó el jarro y lo llevó a la habitación del viejo con el propósito de hacerle tomar algo que le reanimara.

Mas, su sorpresa fue inmensa cuando al entrar a la habitación captó la figura del anciano de pie junto a la ventana, pues el canto de dos oropéndolas que se mecían sobre las ramas de un árbol de güitite, por unos instantes, le distrajeron de sus preocupaciones y llevado por la curiosidad se paró de frente a la ventana con la finalidad de mirar las aves desde la distancia.

-Aquí te dejo el café-exclamó el médico, al mismo tiempo que ponía el jarro sobre la mesa de noche junto a la cama.

Luego, mirando al enfermo dijo: voy a salir a tomar un poco de aire. Seguidamente, salió de la habitación y se dirigió hasta la puerta principal de la casa; abrió ésta de par en par y salió.

"Voy a dejar que entre el aire para que limpie la casa", pensó; luego, le entregó su rostro al sol.

Al sentir la leve intensidad de la calidad brisa proveniente de la montaña, el hombre buscó con su mirada un lugar en el corredor donde pudiera sentarse a esperar a que Adelina llegara con todos los encargos que él le había hecho, pues tenía toda la certeza de que la mujer estaría por llegar en cualquier momento; y por esta razón, dirigió su vista en dirección al camino que bordeaba la propiedad de Isaías.

Minutos antes, aprovechando que Isaías dormitaba mientras su esposa se encontraba en la cocina, el médico sacó ropa del armario junto a la pared, y la dejó sobre la cama del enfermo.

En un momento en que Adelina entró al baño, el médico le dijo a su amigo que era buena idea que tomara un baño y se pusiera ropa limpia.

Adentro, el enfermo notó el par de pantalones y la camisa que su amigo había colocado sobre su cama. Titubeó por un instante, pero luego se dispuso a seguir sus consejos y tomando la camisa, procedió a ponérsela.

Posteriormente, tomó los pantalones, y sentándose sobre la cama se los puso también. De inmediato, se puso de pie y se dirigió en dirección al armario para buscar un par de medias; y, ¿por qué no? ...un par de botas de hule de color negro que hiciera juego con la ropa.

Al mirarse en el espejo colocado detrás de la puerta, notó que ya su semblante irradiaba mejor aspecto; por lo menos, después de la descarga de emociones guardadas por tanto tiempo se sentía un poco mejor de ánimo.

Por esta razón, de pie ante el espejo, quiso que la imagen que en ese momento contemplaba pudiera mantenerse de esa forma por una eternidad, aunque sabía muy bien que nada duraba más de lo que debía durar.

Sentado en las gradas del corredor, Andrés dirigió su vista hacia la montaña para mirar el agua de la quebrada que bajaba desde lo alto, surcando un estrecho valle de árboles de guayaba y jocotes, para luego seguir su curso hasta llegar al pequeño pueblo.

Justo en el momento en que sus ojos se perdieron en el horizonte, logró divisar la delgada figura de Adelina, quien caminaba cuesta arriba, a paso lento, cargando una bolsa de mediano tamaño en su mano derecha.

El sol resplandecía en forma directa sobre las montañas, provocando una importante alza en la temperatura, y por esta razón el medico saltó al suelo y corrió al encuentro de la mujer con el fin de ayudarle con la carga. Adelina, gustosa de recibir ayuda, le entregó la bolsa y continuó andando mientras el médico le preguntaba cómo le había ido en el pueblo.

- ¿Trajiste todo lo que te encargué? -preguntó él con visible entusiasmo.

-Solamente la pomada, el medicamento y dos botellas de miel de abeja; el resto lo tengo en mi huerta-exclamó ella sonriendo, al mismo tiempo que limpiaba su frente sudorosa con el dorso de la mano.

Desde el corredor, Isaías los miraba mientras ellos se dirigían alegremente hacia la casa.

Al verlo de pie junto a uno de los troncos que sujetaban el techo del corredor, tanto el medico como Adelina se alegraron de ver que el hombre había salido de la casa por primera vez en tres semanas, y lo saludaron alegremente con un gesto de la mano.

Adelina se detuvo al pie de las gradas que subían hasta el corredor y tomó un poco de aire.

El medico colocó la bolsa en el suelo y sacó un pañuelo blanco de la bolsa trasera del pantalón para secarse la frente y el cuello.

Isaías abrió la boca para decir unas cuantas palabras de agradecimiento, pero prefirió callarse y guardarlas para una mejor ocasión.

Y justamente por eso, nunca decía nada.

La casa, de pronto, pareció alegrarse por el regreso de Adelina, pues ésta estaba acostumbrada a su presencia; corriendo de un lado para otro, aseando cada rincón y decorando los espacios vacíos con plantas que traía de la montaña.

Adelina, por otra parte, agradecía a ésta la forma en que los protegía, a ella y a su esposo, de las torrenciales lluvias que caían en las primeras horas de la noche durante los meses de septiembre y octubre; inclusive en el mes de noviembre.

Una vez que Adelina subió las gradas para dirigirse al interior de la casa y tomar los guantes y una pequeña pala que guardaba en un mueble junto a la puerta, el médico se sentó en una mecedora al lado de Isaías ya que hacía tiempo que no se sentaban a hablar de todo y de nada.

La extensa y exuberante vista desde el corredor les permitió seguir con sus ojos el vuelo que los pájaros trazaban al pasar moviendo sus pequeñas y coloridas alas para luego posarse sobre las ramas del inmenso árbol de jocote que Adelina había sembrado bajo la ausente luz de la luna nueva.

Desde aquí, los pájaros fueron los únicos testigos de las palabras que los hombres intercambiaron mientras Adelina se encontraba en la huerta buscando las plantas medicinales que el médico le había pedido que trajera.

El campanario de la iglesia en la lejanía del valle dio los doce. El medico abrió la boca para decir unas palabras. Los pájaros se corrieron unos pasos con la finalidad de escuchar con detenimiento la conversación que estaba por comenzar. Isaías miró al médico. Por unos instantes escuchó lo que éste tenía que decir, y luego bajó la cabeza.

Isaías tomó unos minutos con el único propósito de meditar las palabras que acababa de escuchar: "las memorias son producto de las experiencias vividas, y la forma en que uno las interpreta en el momento moldea la imagen de éstas, para luego guardarlas".

A escasos cien metros de la casa, al bajar la pequeña colina, se encontraba la huerta donde Adelina sembraba diversas plantas de hierbas aromáticas, las cuales, a su vez, servían para preparar remedios caseros contra todo tipo de dolencias y enfermedades.

En un espacio de sesenta metros cuadrados, aproximadamente, se podían apreciar las diversas tonalidades de verde; entrelazadas entre sí mediante florcitas de colores. En una esquina de la huerta estaban las plantas de romero junto a las plantas de tomillo. Luego, al lado del tomillo se encontraban las plantas de albahaca, manzanilla y lavanda.

Adelina guardó las plantas que acababa de sacar de la tierra en una bolsa de plástico transparente y se puso de rodillas. Isaías observó la forma en que la brisa provocaba que las plantas oscilaran de un lado a otro; causando así, un efecto de movimiento continuo entre las plantas de diversos tonos de verdes, naranjas, rojos y muchos otros.

Su esposa subió la colina con la ayuda de sus botas de hule azules y algunas raíces de árboles de manzana de agua que se asomaban entre el zacate, sujetándose a ellas para no caer al fondo del precipicio que iba a dar directamente a la quebrada.

De pronto, el médico se puso de pie, caminó unos pasos hacia la puerta, y luego volteándose de repente dijo: voy a poner agua a hervir...si me lo permites. Isaías lo miró, y con una sonrisa que se escapó de su corazón exclamó: Entra...es tu casa.

Seguidamente, sorprendido por las palabras que habían escapado de su corazón, giró la cabeza hacia el árbol de jocote para observar los dos pájaros indiscretos.

Ambos pájaros intercambiaron una mirada de asombro.

En ese preciso instante, Adelina llegó al pie de la última grada acompañada por su acostumbrada sonrisa y la bolsa que llevaba en su mano. Ella, al ver al hombre sentado en la mecedora, se alegró profundamente al notar que su semblante había recuperado la alegría que días atrás quiso dejar escapar.

-Aquí tengo todo lo que Andrés me pidió-dijo, mostrándole a su esposo la bolsa que llevaba en su mano, adentro de la cual se podían apreciar los cortes de las plantas.

-Andrés está adentro...creo que está en la cocina-exclamó Isaías.

Luego, bajó la mirada hasta tocar con ésta los pies desnudos de la mujer y aprovechando una descarga eléctrica de su corazón, se atrevió a decir: gracias... Adelina; motivo por el cual la mujer le devolvió parte de la dulce sonrisa que la caracterizaba, a pesar de que Isaías había encontrado una y mil razones para alejarse de sus dos hijos: Adelina y Roberto.

Pero esta también, es otra historia.

Con esto en mente, Adelina se dirigió hacia la cocina donde el medico había colocado una olla grande sobre el fogón y mantenía el agua hirviendo dentro de ésta, a la espera de las plantas que ella ya estaba colocando sobre el moledero.

-Aquí tienes-exclamó ella llena de gozo, al mismo tiempo que comenzaba a sacar los rollitos de plantas que el médico iba a utilizar en la preparación de una fuerte infusión, la cual sacaría toda la mucosidad acumulada en los pulmones del enfermo, de una sola vez.

Mientras Adelina lavaba cada planta; incluso la raíz, el médico buscó un cuchillo afilado que estaba guardado en una de las gavetas debajo del moledero, y se dispuso a cortar las diferentes partes de cada una de ellas: albahaca, romero, melisa, y tilo; no sin antes dejar algunas para luego machacarlas en un mortero.

Asimismo, movió la olla con agua a otro sitio con la finalidad de echar todas las plantas adentro y colocarle la tapa de aluminio; causando así, que los vapores curativos se dispersaran por la casa.

Una vez que las plantas habían soltado sus propiedades curativas, el médico le pidió a la mujer que le dijera a Isaías que entrara al cuarto y se quitara la camisa. Ella obedeció de inmediato y salió al corredor a toda prisa. El viejo se encontraba sentado sobre la mecedora, mirando hacia la parte alta de las montañas; quizá con la intención de rezar, o posiblemente con la esperanza de subir hasta allá una vez que su condición mejorara.

Adelina le ofreció su brazo con el fin de ayudarle a levantarse de la mecedora, pero el hombre hizo un intento para levantarse, y con éxito, logró ponerse de pie. –Ya me siento mejor-dijo, rodeando los hombros de su esposa como si ella fuera la que corría peligro de caerse. Ella, en cambio, le rodeo la cintura con su brazo, e inclinó su cabeza para colocarla sobre el hombro de su esposo. Él supo en ese instante que su corazón palpitaba con fuerza por un motivo que creyó haber enterrado hacía mucho tiempo, sin embargo, tomó una bocanada de aire y luego dejó escapar éste en forma de suspiro.

Apenas entraron los dos a la salita de la casa, el medico les dio serias instrucciones a ambos con la finalidad de poner a prueba la infusión aromática preparada por él mediante una cuchara de palo que usó, de manera eficiente, empujándola de un lado a otro de la olla, para poder de esta forma, extraer las sustancias milagrosas de las plantas cuya generosidad no tiene medida.

Una vez en la habitación, Adelina sacó dos toallas de manos y una toalla de baño de un armario de color azul que se encontraba escondido, de manera sigilosa, en una esquina de la habitación. Claro está, al abrir la gaveta inferior, lo hizo con un movimiento suave, procurando no botar la maceta con una violeta africana que ella colocó sobre el mueble con el propósito de brindarle un tanto de alegría a la estancia; no obstante, esta fue la primera vez que Isaías hizo algún comentario al respecto: están bonitas las flores, dijo. Seguidamente, el hombre se tendió sobre la cama; cabeza abajo, y esperó hasta que el medico entró al cuarto.

Y no fue mucho tiempo lo que tuvo que esperar, pues el médico irrumpió el silencio que inundaba la habitación al entrar de repente con la pesada olla de hierro, indicándole a la mujer que le permitiera colocar ésta sobre el armario azul; por lo que Adelina se apresuró a remover la maceta con la planta para dejar libre el espacio.

Sin esperar ni un solo segundo más, el hombre caminó con rapidez y dejó caer de forma lenta la olla sobre el mueble; adentro de ésta el agua verdosa se meció de un lado a otro como lo hace el mar una vez que comienza la tormenta.

Al cabo de unos instantes, el agua recobró su estado habitual de calma, y podía verse el vapor que salía de la olla, dejando escapar el inconfundible, suave y relajante aroma de las plantas medicinales que ahogaron sus propiedades curativas en el agua momentos antes.

-Ahora sí; vamos a calentarte la espalda y el pecho-dijo el médico, al mismo tiempo que él tomaba una toalla de manos y la sumergía en el agua hirviendo. Seguidamente, se dirigió en dirección a la silla donde Adelina había colocado el maletín, y abriéndolo se dispuso a sacar un par de guantes resistentes al calor.

El médico se colocó un guante en cada mano y sacó la toalla del agua para retorcerla bien hasta que la toalla no dejara escapar ni una sola gota de agua. De inmediato, la colocó sobre el dorso del brazo y una vez que se aseguró que la temperatura de ésta no iba a quemar la espalda del hombre, caminó hacia la cama de Isaías y estirando la toalla, la colocó de un solo golpe sobre la espalda del hombre.

El anciano dejó escapar un leve sonido de su garganta, pero éste se tornó en un suspiro de alivio al notar que su espalda agradecía el calor proveniente de la toalla humedecida en la infusión curativa.

El médico procedió a realizar la misma acción tres veces más. Al ver que el enfermo aceptaba sus curaciones con agrado, le pidió que se volviera y se colocara sobre su espalda con la finalidad de calentar su pecho tres veces con la toalla caliente.

Para entonces, el agua ya se encontraba a temperatura ambiente y no iba a dar los mismos resultados, por lo que el médico le pidió a Adelina que se llevara la olla y la pusiera en la cocina.

Ella luego llevaría la olla y derramaría el líquido sobre la tierra que cubría las enredaderas de campanas azules que trepaban ágilmente sobre las rejas de las ventanas de la habitación de sus hijos; aunque estos ya no visitaban a sus padres.

Adelina hizo lo que el médico le había pedido, y colocó la olla sobre el moledero de la cocina. Luego, abrió la bolsa que había traído del pueblo y sacó un pote de vidrio que contenía la famosa pomada del médico. La colocó encima del moledero al mismo tiempo que recordaba todo lo que el farmacéutico le había dicho sobre la pomada "milagrosa".

Esta era una receta exclusiva del padre del farmacéutico cuando éste, desde que regresó de la escuela de Medicina, se había convertido en el médico del pueblo.

No obstante, la preparación académica que recibió durante ocho años consecutivos aunada a sus conocimientos de la herbolaria lo llevó a preparar la primera receta, que contenía hojas tiernas de eucalipto, flores maduras de manzanilla, diminutas hojas de menta, y, por último, hojas maduras de hierbabuena.

El hombre tomaba todos los ingredientes y, de uno en uno, los machacaba en un mortero hasta que las especies quedaban convertidas en una pasta espesa de color verde bosque.

La famosa receta del médico expandió por todos los confines del país su fama de "curandero", en lugar de fama como médico.

En esta ocasión, Andrés sabía que la pomada que el boticario, hijo de su famoso padre, había compuesto era el mejor remedio para poner a trabajar los pulmones de Isaías; no obstante, él debía complementar ésta con otra mezcla que había logrado perfeccionar con los años.

Y con el propósito de comenzar su preparación, una vez en la cocina, el médico se enrolló las mangas de su camisa y precedió a hacerse un lavado exhaustivo de manos con una barra de jabón y el agua limpia que salía del tubo de la cocina.

Seguidamente, se secó las manos en un limpión amarillo que se encontraba colgado de la pared, y procedió a sacar una tabla de madera que Adelina usaba a diario para picar, con gran agilidad, los ingredientes para las deliciosas comidas que sus prodigiosas manos preparaban.

Con todo el equipo sobre el moledero: una gruesa tabla de picar, el cuchillo de cortar la carne muy bien afilado, un mortero, y toda su voluntad, el médico procedió a cortar cada hoja y cada tallo de manera que estos pudieran incorporarse en la mezcla.

Una vez que todas las hojas y tallos fueron picados en trozos muy pequeños, el hombre puso todo dentro del mortero y se dispuso a machacarlo; agregando las flores de último hasta crear una aromática pasta.

De inmediato, le echó a la mezcla una cucharada de aceite de oliva, y continuó machacando la pasta hasta que todos los ingredientes quedaran compactados en una pomada que hacía milagros, pues la usaba para aliviar los accesos de tos, el asma, los dolores de reumatismo, y sacar las flemas de los pulmones de los fumadores.

Entonces, el hombre volvió a lavarse muy bien las manos y mezcló la pomada que el farmacéutico había enviado junto con la pasta que él acababa de preparar; y de esta manera, procedió a llevarla al cuarto.

Por supuesto que la infusión, que a paso lento se había cocido en la olla mientras el medico preparaba la pasta, servía para preparar el camino; primero, para sumergir la toalla en ella, y segundo, para que el enfermo respirara los vapores refrescantes que emanaban lentamente de la olla.

Con gran asombro, el médico notó que la espalda de Isaías había tomado una tonalidad de piel más fuerte una vez que él le aplicó las toallas húmedas tres veces.

Y fue entonces que el hombre metió sus dedos en el mortero, y de esta forma sacó una copiosa cantidad de mezcla que después procedió a untar sobre la espalda del enfermo de forma vigorosa, permitiendo que sus propiedades penetraran por los poros hasta llegar al alma.

Habiéndose asegurado de que la espalda del enfermo había absorbido la mezcla de hierbas, Andrés le pidió a éste que se colocara de espaldas con el fin de proceder a realizar el mismo procedimiento en el pecho.

Dicho procedimiento resultó ser una tarea sencilla, pues el paciente sumamente agradecido, permitió que el médico realizara sus curaciones en ausencia de cualquier obstáculo que el paciente pudiera imponer.

De igual forma que lo hizo con anterioridad, Andrés aplicó la toalla caliente, previamente humedecida en la infusión de hierbas, y la dejó sobre el pecho del hombre por algunos minutos.

Seguidamente, removió la toalla del pecho de Isaías y de nuevo la sumergió en la infusión. Esperó unos segundos, y de inmediato, la sacó de la olla para proceder a retorcerla de nuevo y posteriormente aplicarla una vez más sobre el pecho del enfermo.

Una tercera vez bastó para que el medico procediera a tomar una buena cantidad de pasta y la colocara en la palma de su mano, procediendo así a esparcirla a lo largo del pecho: de arriba abajo, y de lado a lado; inclusive debajo de las axilas.

Luego, le sugirió al enfermo que se pusiera la camisa y se cubriera con la cobija con la finalidad de calentar su cuerpo aún más, causando así que la sangre fluyera por todo su ser.

Como lo hace una pequeña hormiga, Adelina entró a la habitación de forma silenciosa y tomó las toallas, las colocó dentro de la olla, y salió del cuarto seguida por los pasos del médico.

-Vamos a ver cómo pasa la noche-dijo él, tomando el maletín con una mano y con la otra abrió la puerta.

-No tienes idea cómo te agradezco todo lo que hiciste hoy-exclamó ella, alargando su brazo hasta que su mano tocó el brazo del médico.

-No hay nada que agradecer; mañana veremos si ha mejorado-dijo-. Ah, y no te olvides de darle una cápsula a las seis de la tarde y la siguiente a las seis de la mañana-añadió con una sonrisa de alivio, al mismo tiempo que el hombre salía por la puerta y bajaba las gradas del corredor para perderse en la infinidad del paisaje, el cual comenzaba ya a cambiar de tonalidades.

Adelina lo siguió con la mirada, apoyada en la baranda de madera que rodeaba el corredor, y luego volteó su cabeza atraída por el canto de un vigilante yigüirro que se despedía de ella antes de iniciar su vuelo hasta el nido que le esperaba en la rama de un árbol de mandarina; allá en la lejanía.

De manera prudente, la mujer le dio la espalda al sol que en ese momento comenzaba a bajar por detrás del campanario del pueblo, y entró a la casa para dirigirse hacia el dormitorio; se asomó por la puerta con toda la precaución del caso y apoyada en el quicio, escuchó la respiración de su esposo.

Parecía bastante quieta y relajada, por lo cual ella caminó hacia la ventana y al llegar a ella corrió las cortinas con suma cautela para evitar despertar a su esposo.

-No tienes que andar con cuidado; aún estoy despierto-dijo una voz ronca que provenía de la cama.

-Isaías, voy a traerte la medicina que Andrés quiere que te tomes, pues ya son las seis- exclamó ella, y salió del cuarto de prisa para luego regresar con un vaso de limonada y la capsula de antibiótico-. Tomate esto, añadió.

El hombre se incorporó sobre su codo derecho y procedió a tomar su medicina tal y como su esposa se lo pidió. Tras unos breves instantes, el hombre se dejó caer sobre la almohada. -Gracias Adelina-exclamó.

Seguidamente, cerró los parpados y se sumió en un largo sueño.

La mujer se dirigió a la sala y se echó sobre el sofá para subir las piernas sobre el apoyabrazos con el fin de descansar sus pies, pero el sueño le invadió su conciencia y de inmediato se quedó dormida.

Más tarde, cuando los primeros rayos del sol invadieron la sala, Adelina abrió los parpados y sus ojos recorrieron el cielo raso al mismo tiempo que su espíritu intentaba recapitular los acontecimientos del día anterior.

Apenas recordó que su esposo se encontraba en la habitación, se tiró del sofá y caminó hasta la puerta desde donde vio a Isaías que aun dormía. Era obvio que los accesos de tos de la madrugada habían dejado de atacar al pobre hombre, pues de no haber sido así, ella se hubiera despertado de un sobresalto.

Por primera vez desde que construyeron la casa y se mudaron allí, Adelina decidió no abrir las cortinas de la ventana de la habitación; más bien, sacó ropa del armario y se dirigió hacia el baño para darse una ducha reconfortante y lavarse su cabello.

Al salir del baño, llevó las toallas húmedas al patio de pilas y las colgó sobre los alambres del tendedero. Luego, entró a la cocina y colocó la cafetera bajo el tubo de agua fría para colocarla luego sobre uno de los calentadores de la cocina.

Este era el momento más feliz del día; el instante en que preparaba el café recién chorreado para disponerse a tomarse una tacita con su marido.

Una vez que colocó el caldero sobre la cocina, Adelina se encaminó hacia la habitación para ver si su esposo dormía aun, pero él ya estaba despierto; de pie, junto a la ventana y estaba abriendo las cortinas.

Al verlo, la mujer se sorprendió mucho y le dijo -veo que ya te sientes mejor; si quieres te traigo el café-. Isaías volteó su cuerpo y dejó asomar una sonrisa que hacía mucho tiempo estaba aprisionada dentro de su corazón. –Adelina-dijo de repente-; quiero llamar a mis hijos y decirles que vengan este sábado.

Luego añadió: También quiero que venga Andrés con la familia, y necesito llamar a Carlos para que nos traiga cinco kilos de lomo, carbón y una caja de cervezas.

Adelina se limpió los ojos con ambas manos; dirigió la mirada hacia el santo que estaba sobre la mesa de noche, y luego salió de la habitación para traer el teléfono.

En Vista de Las Circunstancias

"¡*Qué tirada!*"

Uno a uno; de dos en dos, y posteriormente de tres en tres, los vecinos de la familia comenzaron a agruparse afuera, al pie de las gradas que subían hasta

modismo usado para expresar: lástima, congoja, perturbación, inquietud y molestia.

La vivienda, al mismo tiempo que dos policías entraban a la casa con el propósito de hacer unas cuantas preguntas; de rutina.

A un lado del camino, justo a un kilómetro del colegio; después de una curva estrecha, la familia había construido una casita. Sí; ésta era una verdadera casita: construida en un estrecho terreno, pero con mucho esmero y dedicación.

Según cuentan los vecinos de la localidad, apenas un año atrás, cuando el dueño de la extensa propiedad le vendió su finca a un extranjero que acababa de llegar al pueblo con deseos de quedarse allí de forma permanente, el nuevo dueño decidió separar una pequeña porción del terreno, y cedérselo así al peón de la finca y su familia.

Con solamente cuarenta metros cuadrados de extensión, justo al lado de la carretera, se encontraba el lugar en el cual don Gerardo levantó las paredes de su casita: treinta metros cuadrados de construcción, aproximadamente; sin embargo, este era su hogar y el de su familia.

En un principio, como único medio de transporte para llegar a su trabajo en la finca, el hombre recorría siete kilómetros montado en su bicicleta mientras su esposa se quedaba en casa, y sus dos hijos asistían a la escuela a pie.

Motivado por la fuerza de enorme agradecimiento por su antiguo patrón y ahora su nuevo patrón, el hombre pedaleaba por la carretera principal que lo llevaba al pueblo; luego, pedaleaba un kilómetro cuesta arriba por un estrecho camino de piedra, hasta que finalmente, bañado en sudor, llegaba al rustico portón que adornaba la entrada de la finca.

De esta forma, el peón iniciaba una larga jornada de trabajo durante la cual realizaba todas las tareas que una finca de dos hectáreas requiere: cortar el zacate, controlar hormigueros de zompopas, trabajar la tierra y posteriormente, preparar la huerta para la siempre de hortalizas.

En una calurosa mañana de febrero cuando Gerardo se encontraba bajo los intensos rayos del sol, cavando hoyos en la tierra para sembrar treinta arboles de limón criollo, su nuevo patrón bajó, de manera imprevista, la escarpada pendiente que llegaba hasta la colina, pues tenía algo importante que hablar con él.

-Gerardo-dijo, al mismo tiempo que se acercaba al hombre; me gustaría hacerle una propuesta.

- ¿Señor? -respondió el hombre, de repente quitándose el sombrero como gesto de respeto.

-Gerardo, quiero que venga conmigo para ver algo que quiero hacer-dijo, y comenzó a caminar con paso firme hacia la entrada de la propiedad.

Al llegar al portón, justo al sitio donde Gerardo dejaba su bicicleta apoyada en el tronco de un enorme guayabo, el patrón se detuvo y señaló con el dedo índice una porción de tierra a escasos metros.

Luego de una breve pausa exclamó: ¡quiero que construyas una casa ahí!; y luego de otra pausa añadió: mañana mismo voy a la municipalidad para solicitar el estudio de suelo además de todos los permisos necesarios o innecesarios.

Posteriormente, dejó escapar una sonrisa y giró su cuerpo para dirigirse colina arriba por el sendero que el peón había abierto entre los arbustos y hierba mala.

Pasaron dos lunas llenas, un cuarto creciente, y por fin, llegaron los permisos.

Ese mismo día, asombrado por la rapidez con la cual la municipalidad había otorgado el permiso de construcción, don Erick llamó a la empresa constructora de casas prefabricadas más cercana a la propiedad, y a la mañana siguiente se apersonó ante él un representante de esta: un hombre de mediana edad que conducía un sedán de color azul, modelo 2010.

Mediante un gesto de la mano, el propietario le indicó al hombre que lo esperara y de inmediato, entró a la casa para buscar su pasaporte.

Después de hallarlo dentro de la gaveta superior derecha de su escritorio, cerró la puerta principal de la casa tras de sí y corrió cuesta abajo con el fin de no hacerlo esperar mucho tiempo.

- ¿Cómo está?; Fabio B....-dijo el hombre, ofreciendo su mano al dueño de la finca.

-Mucho gusto; Erick-respondió el hombre, asimismo devolviéndole el saludo.

- ¿Puede mostrarme el sitio donde planea construir? -preguntó el representante de la compañía constructora.

-Por aquí-respondió el dueño de la propiedad, invitándole a seguirlo al mismo tiempo que le indicaba la ubicación del terreno.

Luego de una hora de conversación seguida de una breve inspección, el vendedor procedió a sacar el teléfono y realizó una llamada a su jefe. Posteriormente, el hombre se dirigió en dirección al carro que había estacionado frente al portón de la finca y sacó un formulario con el fin de finiquitar el contrato entre las dos partes.

Don Erick leyó el papel, analizando a su paso cada detalle del mismo. Y una vez que terminó de leer las clausulas incluidas en éste, procedió a dar su consentimiento mediante una firma en ambas páginas.

Aproximadamente veinticinco minutos más tarde, los hombres escucharon el ruido de un motor de gran potencia que intentaba subir la cuesta de lastre, y al cabo de unos minutos, finalmente llegó un enorme camión de carga de color verde que la empresa había enviado con cuatro trabajadores, así como una inmensa carga de materiales.

El dueño de la propiedad se despidió del representante de la compañía y a paso lento se dirigió hasta el sitio donde Gerardo se encontraba metiendo un árbol de mandarina en un hoyo en la tierra que media, más o menos, metro de profundidad.

Al escuchar pasos en medio de la maleza, el peón giró su cabeza para ver quien se encontraba allí, pero al ver a don Erick, dejó de hacer lo que estaba haciendo para limpiarse las manos con un paño remojado en agua fría que mantenía sobre su mochila.

Don Erick se acercó a Gerardo y colocó ambas manos en la cintura, como era su costumbre cada vez que necesitaba darle alguna noticia.

-Bueno; Gerardo-dijo-. A partir de hoy, es mejor que duermas abajo para cuidad la casa.

- ¡Sí... señor! -exclamó el hombre preso de un incontrolable ataque de alegría que a su vez causó que éste diera un paso hacia atrás y cayera dentro del hoyo.

Don Erick hizo un movimiento de la mano para ocultar su risa, mientras que Gerardo, invadido por un agobiante sentimiento de vergüenza provocado por sus emociones, intentó ponerse de pie y salir del hoyo.

Esa noche, una vez que Gerardo llamó a su esposa para contarle las buenas nuevas y explicarle la razón por la cual no iba a llegar a dormir, él cuidó los materiales, sin lograr cerrar sus parpados; pero a la mañana siguiente, los trabajadores se presentaron a trabajar a las seis de la mañana y el hombre regresó a su trabajo como lo hacía a diario.

Tres semanas más tarde, don Erick le entregó a su peón un llavero con dos llaves; una para la puerta principal, y la otra para la puerta de atrás de la casa.

Y de esta forma, inició un contrato de palabra entre ellos.

Como era de suponerse; a la mañana siguiente, un sábado nublado y lluvioso a mediados de mayo, el peón trajo a su esposa, junto con sus dos hijos y una perrita de pelaje blanco con machas negras a su nuevo hogar.

Asimismo, en un pequeño camión que un vecino le prestó, cargó las únicas pertenencias que tanto le había costado adquirir, y de esta forma le dijo adiós a la pequeña habitación que su madre les prestó por tantos años.

Ya en camino, rumbo a su nueva vivienda, el conductor manejaba por la carretera a velocidad lenta, pues la carga que llevaba era sumamente preciosa.

Por una parte, los dos niños cantaban sin cesar; su esposa Cecilia no dejaba de hablar y su perrita ladraba al son del canto de los niños.

Y de esta forma todos llegaron alegremente a su nueva vivienda donde se apresuraron a acomodar muebles de sala, camas y los pequeños electrodomésticos que Gerardo había comprado a pagos.

No obstante, como todo en la vida... ¡nunca falta una piedra en el zapato!

Una de esas calurosas tardes, a mediados de mayo, en la cual las nubes comenzaban a subir por detrás de las montañas, de forma inesperada, se presentó a la puerta del nuevo hogar el hermano de la esposa de Gerardo; con las mejillas sobresalientes y sonrojadas como las de un muñeco de ventrílocuo.

La joven esposa del peón, Cecilia, se encontraba en la cocina preparando la cena mientras sus hijos, un niño de ocho años y su hermana de seis, hacían sus tareas escolares sentados en la mesa redonda que adornaba la pequeña sala.

De pronto, los tres voltearon sus cabezas en dirección a la puerta, pues se escucharon unos golpes fuertes; como si alguien estuviera intentando derribarla.

"¿Quién podrá ser?"-se preguntó Cecilia a sí misma, ante la inusual visita de alguien; si nadie en el pueblo era lo suficientemente cercano a ellos como para llegar a tocar la puerta de esa forma.

No obstante, la joven se quitó el delantal negro con pequeños dibujos de flores rojas y amarillas que llevaba amarrado por la cintura; se secó las manos rápidamente en un limpión que colgaba de un clavo en la pared, y por último, caminó hasta la puerta.

Por supuesto que antes de abrir ésta, primeramente, era necesario fijarse por la ventana; lógicamente, apenas corriendo la cortina un poco antes de asomar la cabeza, pues en estos tiempos ya no se puede confiar en nadie que uno no conozca bien.

¡Cuál fue su sorpresa!... afuera, de pie con la nariz casi pegando con la puerta se encontraba su hermano Nataniel, de quien había huido varias veces ya; pero, al igual que un gato, de alguna forma él siempre se las agenciaba para encontrarla donde quiera que ella se encontrara.

Justo por esa razón, la joven madre y esposa se quedó de pie junto a la puerta, sin moverse; quería pensar... necesitaba pensar un poco. Sin embargo, sus pensamientos se vieron interrumpidos cuando de nuevo, los fuertes golpes en la puerta causaron que las paredes de la casa traquearan.

- ¡Cecilia! -gritó el hombre a todo galillo.

Al ver las miradas temerosas de sus hijos, la joven les hizo un gesto a los niños para que no hicieran ruido, y después les indicó con un gesto de la mano que se fueran a la habitación y cerraran la puerta con pestillo.

Seguidamente, corrió la cortina de la ventana a un lado de la puerta y asomó su cara para que su hermano notara que ella se encontraba en casa y dejara de gritar.

Su hermano levantó las cejas y abrió la boca al ver a su hermana asomada por la ventana, y ella le hizo un rápido gesto con la mano para indicarle que ya ella iba a abrir la puerta. Después, la mujer volvió a correr la cortina y abrió el pestillo de la puerta. Posteriormente, la mujer colocó la mano sobre la perilla de la puerta y le dio la vuelta para abrirla.

No cabe duda de que la única intención de Cecilia era no dejar que su hermano entrara a la casa; más bien, planeó quedarse junto al quicio de la puerta y hablar con su hermano desde ahí.

Y de esta forma, averiguar la razón de su visita; además, la joven aún no podía creer que alguna persona le hubiera dado a Nataniel la información que él necesitaba para encontrar la dirección de su vivienda.

Pero el plan de dejar al hombre afuera no dio resultado.

Al abrir la puerta a medias, su hermano de inmediato notó que ella no tenía la menor intención de dejarlo pasar a su casa, y por esta razón, el hombre le dio un fuerte empujón a la puerta, y de forma intempestiva, entró a la sala de la vivienda sin previa invitación de su hermana.

- ¿Qué estás haciendo aquí, Nataniel? -preguntó la mujer, en vista de que su hermano, como de costumbre mostrando una conducta irrespetuosa hacia su familia, se dirigió en forma directa hacia el sofá y se dejó caer como si no importara lo que Cecilia pudiera pensar.

-No tengo donde ir...por eso estoy aquí-replicó el hombre, al mismo tiempo que sus ojos aprovecharon la ocasión para realizar un minucioso recorrido de la habitación.

- ¡Qué linda casa! -replicó el hombre; diciendo algo contrario a lo que realmente pensaba.

-Lamento mucho que no tengas donde ir...pero aquí no te puedes quedar-respondió la mujer, en un fallido intento de ejercer su autoridad como madre de familia.

El hombre esbozó una sonrisa colmada de ironía y explotó en una sola carcajada, la cual causó que Niebla, la perrita de la familia, entrara a la sala y al verlo comenzara a emitir gruñidos, al mismo tiempo que su graciosa cola se convertía en una antena pararrayos.

Y se comportó de esta forma, pues la intolerable presencia del hombre le traía recuerdos que ya había enterrado de igual forma que hacía después de devorar los huesos que la familia le regalaba.

Los enterraba bien lejos de la casa y en un hueco sumamente profundo... para que nadie pudiera encontrarlos.

-Bueno; por lo menos dame un vaso de agua-dijo el hombre, con clara intención de alargar su visita ya que realmente no tenía donde ir; excepto, pasar la noche, dormitando encima de un cartón, debajo de algún puente.

De todas formas, o quizá por esa misma razón, su hermana se levantó de la silla y se dirigió hacia el fregadero; luego, colocando una mano sobre el moledero, de puntillas abrió la puerta del mueble para sacar un vaso.

De repente, algo que solamente le sucedía en presencia de su hermano, Cecilia empezó a temblar de pies a cabeza, por lo cual fue difícil para ella colocar el vaso bajo el tubo de agua sobre el fregadero de la cocina y mantener éste en posición mientras el agua cristalina caía adentro.

Una vez que el vaso se llenó hasta el tope, la mujer cerró la llave del tubo; tomó el vaso con la mano derecha y dándose la vuelta, lo llevó hasta la mesa y lo colocó frente a su hermano.

Seguidamente, jaló la silla y se sentó; colocando los codos sobre la mesa y los brazos sobre ésta como único apoyo.

-Nataniel; ¿hace cuánto tiempo que no bebes? -preguntó de pronto, en forma desafiante, al mismo tiempo que sus manos evidenciaban sus sentimientos mediante un ligero temblor.

-Yo...ya no tomo-respondió el hombre, inclinando la cabeza hacia abajo como si de esta forma, pudiera esconder la mirada que su hermana conocía muy bien.

- ¿Por qué me dijiste que no tienes donde vivir? -continuó Cecilia sin dejar espacio para quejas ni lamentos.

-Es que no tengo trabajo-exclamó el hombre, exasperado por el insistente interrogatorio de su hermana.

- ¿Y qué sucedió con el trabajo que tenías en la ferretería de Pedro? - insistió su hermana, con tono aún más desafiante.

-Pues...ya no estoy ahí- respondió el hombre con tono burlón, llevándose una mano a la boca con intención de cubrir su sonrisa burlona ya que no pensaba que su hermana, especialmente ella, tenía derecho de hablarle de esa forma.

Conociendo muy bien a su hermano, la mujer se quedó en silencio por unos instantes, pues una vez más, se encontraba ante la misma situación que vivió a partir del día en que su madre murió.

"Mamá, ¿qué hago?", pensó.

De pronto, una ráfaga de viento entró por la ventana de la cocina y botó una espátula que guindaba de la pared. La mujer se estremeció al notar que el aire frío envolvía la habitación con sus brazos; y como si fuera atraída por la fuerza de un imán, volteó su cabeza para mirar por la ventana.

Fue en ese instante que finalmente su espíritu retomó el coraje necesario para enfrentar la situación.

-Solamente te puedes quedar aquí esta noche-dijo, y luego de una pausa añadió: Mañana temprano te vas. Seguidamente, ante la inexpresiva mirada de su hermano, exclamó: ¡ya sabes que a Gerardo no le gusta que tú estés aquí!

- ¡Está bien! -exclamó el hombre con cierto despecho-. ¡Mañana mismo me voy!

Y diciendo esto, se tomó el vaso de agua de un solo sorbo. Después, el hombre se levantó de la silla y salió por la puerta para así sentarse en la grada superior de la entrada.

Ante el evidente rechazó que su hermana demostró, el hombre pareció no importarle más que su propio bienestar; y, dicho sea de paso, prefirió mantenerse en silencio mientras contemplaba la calle de lastre.

Éste, no satisfecha con subir hasta la casa de su hermana, continuaba su ascenso hasta trazar una curva hacia la izquierda para perderse montaña arriba sin dejar rastro alguno.

De pronto, el desdichado hombre notó que el sol se escondía detrás de las colinas.

Algunas veces, una escena como esta causa que uno encuentre su camino hacia su propia alma, pero en otras ocasiones, tal habilidad es neutralizada por los profundos efectos de una larga vida de angustias y decepciones albergadas en una mente confusa.

Sin embargo, cualquier pensamiento que pudiera pasar por la cabeza del miserable borracho, se vio interrumpido por el sonido de unos pasos que procedían del costado norte de la vivienda.

Era Gerardo, seguido por su pequeña perra "Nube", quien lo había ido a buscar con el fin de avisarle que la familia estaba en problemas.

El hombre que en ese momento se encontraba en la bodega de la casa de su patrón, guardando las herramientas, notó que el animal subió por el sendero y al verlo ladró con persistencia al mismo tiempo que echaba a correr de regreso a la casa.

Ante tal acontecimiento, el hombre cerró la puerta de la bodega y echó a andar en dirección a la casa.

Pero ¡cuál fue su sorpresa!; al ver a su cuñado sentado cómodamente en las gradas de la vivienda.

- ¡Gerardo! -exclamó el hombre, un tanto sorprendido ante la llegada imprevista del esposo de su hermana que acababa de llegar seguido por su perrita.

- ¿Nataniel? -preguntó éste, al mismo tiempo que intentaba calmar a la perrita, pues ésta al ver al hombre sentado en las gradas, comenzó a ladrar y a gruñir como si hubiera visto un fantasma.

- ¿Qué tal Gerardo? -alcanzó a decir el hombre, al mismo tiempo que intentó ponerse de pie para estrechar la mano de su cuñado.

- ¿Qué haces aquí, Nataniel? -preguntó el hombre con desdén, intentando así desalentar cualquier fantasía que lograra surgir en la mente confusa de su cuñado.

-Pues... sólo vine a ver a Cecilia-dijo éste, incapaz de decir la verdad; ni siquiera por primera vez en su vida.

Por muchos años, a partir del día en que la buena madre de Cecilia partió hacia su destino final, el hombre pasó a ser parte de la casa de su hermana, sin embargo, una vez que los niños de la pareja comenzaron a crecer, la pareja se vio obligada a pedirle al hombre que buscara trabajo; al igual que otro lugar donde vivir.

Al cabo de dos semanas de insistencia por parte de la pareja, el plan dio resultado, y fue en ese preciso instante, que el actual patrón de Gerardo le propuso a su empleado de confianza, construir su vivienda en la propiedad.

Como era de esperarse, creyéndose libre de la presencia del hombre, la pareja junto con sus dos hijos, resolvieron mudarse al pueblo contiguo y vivir felices en su nuevo hogar.

Pero obviamente, esto no podría durar mucho tiempo.

En el curso de la conversación, Cecilia salió a la puerta y logró escuchar las últimas palabras, por lo que de inmediato preguntó: ¿de qué estaban hablando?

- ¡De nada! -respondió su esposo, al mismo tiempo que le dirigía la mirada a su cuñado. - ¡Entra, Cecilia! - exclamó-. Ya vamos.

En ese instante, Nataniel se dispuso a entrar a la casa, pero Gerardo lo detuvo de golpe, colocando su mano derecha sobre el pecho del hombre, ejerciendo así la autoridad a la cual tenía derecho como jefe de hogar deseoso de proteger a su familia.

¡Esta es la última vez que pones los pies en mi casa! -exclamó exaltado-. ¡Mañana te irás para no volver jamás!; añadió, ante la mirada impávida del hombre, a quien poco le importaban las amenazas del esposo de su hermana.

Según él, su hermana le imploraría a su esposo que le diera una segunda oportunidad a su hermano.

Pero no era esto lo que su hermana tenía en mente; no con dos niños a quienes proteger.

Esa noche, los niños comieron en la sala mientras Cecilia colocaba una manta y una almohada sobre el sofá donde su hermano dormiría.

Gerardo mantuvo guardia para impedir que su cuñado les dirigiera la palabra a los niños, pues bien sabía él que ya mucho daño les había causado en el pasado, y en ninguna circunstancia permitiría que esto volviera a suceder; mucho menos a sus hijos y a la perrita.

Apenas el reloj dio las ocho, como todas las noches, los niños se dirigieron al baño para lavarse las manos y los dientes, y seguidamente se fueron para la habitación que ambos compartían. Cecilia se fue para la habitación y Gerardo se aseguró de que Nataniel se acostara en el sofá y se quedara ahí hasta la mañana siguiente.

Luego, el hombre se dirigió a la habitación que compartía con su esposa y dejando la puerta abierta, se sentó en la cama y puso el despertador para las cuatro y media de la mañana.

Muy pronto, todos se quedaron dormidos, excepto Gerardo, quien mantuvo sus ojos abiertos hasta que el sonoro canto de gallo subido en el portón de hierro de la propiedad, seguido por la alarma del despertador colocado sobre la mesa de noche, le anunciaron el nuevo día.

Pero, él no fue la única persona que escuchó los sonidos de la madrugada, pues al escuchar el canto del gallo aunado a los imparables gruñidos de Nube, su cuñado se levantó de golpe y se dispuso a entrar al baño.

Posteriormente, el hombre salió a la sala y dirigiéndose hacia la cocina, llegó al fregadero y abrió el tubo de agua para tomar unos sorbos con la mano.

Atraído por el sonido que éste hizo al dejar que el agua cayera en el fregadero, Gerardo se tiró de la cama; se puso el pantalón y la camisa que usaría ese día, y de inmediato se dirigió a la cocina.

-Vas a tomarte una taza de café y después te vas-dijo, sin voltear la cabeza para ver a su cuñado.

–Muy bien-respondió éste, bajando la mirada mientras pensaba en lo que iba a hacer ese día.

-Amaneció muy húmedo y bochornoso-dijo el hombre, corriendo la cortina de la ventana con su mano y mirando hacia la colina que comenzaba su ascenso justo al otro lado de la callecita de lastre. Seguidamente, abrió la puerta de la vivienda para sentarse en las gradas de tierra hechas mediante el uso de una pala como única herramienta.

Durante la estación seca, las gradas cumplían su función de manera eficiente, pero el llegar las primeras lluvias de mayo, éstas se convertirían en barro resbaloso; un verdadero peligro para muchos si no tienen el calzado adecuado, o el estado claro de mente que se requiere para trepar sin resbalar y caer hacia atrás.

-Sí; ya entraron las lluvias...con ganas-respondió el padre de familia, acercándose a él con una taza de humeante café recién chorreado.

-Vas a tener que ponerle algo a estas gradas; concreto o piedras-dijo Nataniel, volteando hacia un lado su cabeza y cuerpo para tomar la taza que su cuñado le ofrecía-. Cualquiera podría resbalarse y caerse.

-Sí; tengo que arreglar eso-respondió el dueño de la vivienda, tomando un sorbo de café y subiendo la mirada hasta las imponentes nubes blancas que paulatinamente iban tomando forma de hongo conforme comenzaban su ascenso por detrás de las montañas.

"Hoy va a llover duro; muy duro", pensó. Luego, dio la vuelta y entró a la casa con el fin de buscar la capa de plástico que usaba para protegerse de los aguaceros torrenciales que imperaban en la zona; no sin antes, dirigirle la palabra a su cuñado una vez más: Cuando termines de tomarte el café, deja la taza en las gradas.

Y diciendo esto, cerró la puerta con pestillo.

Justo la noche anterior, antes de que Cecilia cerrara los parpados, su esposo le había dicho que él se encargaría de que su hermano se fuera apenas amaneciera; por lo que el hombre le pidió que no saliera del cuarto hasta que su hermano se fuera.

De la misma forma, el hombre entró al cuarto de los niños y les dio las mismas instrucciones.

Ahora, se encontraban los tres en la habitación de la pareja, atisbando por la ventana con el fin de escuchar la conversación de los hombres, a la vez que esperaban con ansias, el momento en el cual Nataniel se alejara de su vivienda.

Tras asegurar la puerta, el padre se dirigió hacia la habitación donde se hallaba su familia, esperando poder salir de ella y así realizar las rutinas diarias.

Gerardo dio unos pasos en dirección a la ventana y se asomó alentando por la esperanza de que su cuñado ya hubiera iniciado su peregrinaje hacia otro destino.

Afortunadamente, logró ver el momento en el cual su cuñado colocaba la taza de porcelana blanca sobre una de las gradas y con la ayuda de su mano derecha, se incorporó.

Apenas logró ponerse de pie, bajó las gradas para luego enrumbarse camino abajo en dirección al pueblo.

-No creo que vuelva más-dijo Gerardo, con el propósito de asegurarle a su familia que él se había encargado del asunto, aunque en el fondo de su corazón sabía muy bien que los problemas apenas estaban comenzando.

- ¡Espero que no! -replicó su esposa, en forma enérgica ante la mirada atenta de sus dos pequeños-. Pero ustedes no tienen nada de qué preocuparse.

Como de costumbre, los niños tomaron una ducha mientras Cecilia les preparaba el desayuno a todos; momento que Gerardo aprovechó para caminar hacia la puerta, abrirla y apoyarse en el quicio.

De forma involuntaria, su mirada se fijó en la figura de su cuñado; a la distancia: una figura delgada, un tanto tambaleante, con las faldas de la camisa afuera, caminando a paso lento de derecha a izquierda, y viceversa.

Finalmente, la figura maltrecha del hombre se perdió en la distancia una vez que éste tomó la curva a la derecha.

Gerardo no quiso apartar su vista del camino en caso de que su cuñado cambiara de parecer y decidiera devolverse, pero de pronto, la voz de su esposa interrumpió sus temores: ¡Gerardo, ya puedes venir!

Fue entonces que el hombre dejó sus preocupaciones plasmadas en el marco de la puerta y deseoso de compartir unos momentos de paz y quietud con su familia, entró a la cocina y se sentó a la mesa con sus hijos.

El ruido producido por el motor del microbús de la escuela de sus hijos les recordó a todos que ya era hora de ir a la escuela unos, y el hombre a su trabajo.

La pareja se quedó de pie junto a la puerta mientras sus hijos se montaban al vehículo y éste daba la vuelta en el portón de la propiedad para luego tomar el camino de regreso al pueblo.

Gerardo rodeo los hombros de su esposa con su brazo y de forma alentadora le dijo: No te preocupes; solamente cierra la puerta y no pierdas de vista el camino. Si Nataniel regresa, llámame.

-Eso haré-respondió ella-; pero no creo que regrese.

El hombre se sentó en el sofá; se puso las botas de hule y luego, tomando su mochila, salió de su casa para dirigirse hacia la colina.

Desde lo alto de la montaña, una leve, calurosa y húmeda brisa proveniente del suroeste sopló sobre el potrero. "Hoy llueve", pensó Gerardo, con certeza.

¡Y así fue!

En la tarde, cuando los niños se encontraban en la sala haciendo sus tareas y Gerardo acababa de entrar por la puerta, se vino el primer trueno seguido por inmensos goterones de lluvia.

El aroma de tierra mojada logró entrar por la ventana de la cocina de manera sigilosa; recorrió cada rincón de la estancia, desapareciendo luego, por el mismo lugar por el cual entró.

- ¡Huele a tierra mojada! -dijo Cecilia, con visible entusiasmo, sacando la cara por la ventana y cerrando sus ojos; permitiendo así que sus sentidos grabaran cada segundo de la experiencia.

- ¡Por fin! -exclamó Gerardo, tomando una servilleta de papel de la mesa y pasándosela por la frente-. Esta mañana estuvo demasiado caliente.

Esa misma tarde, en medio de intensa rayería, sordos truenos y lluvia que caía de forma despiadada, entró la estación lluviosa sin pedir permiso. La angosta quebrada que pasaba detrás de la casa, a escasos cincuenta metros cuesta abajo; antes escondida entre las negras piedras que la rodeaban, rugió sin descanso toda la noche dejando las piedras sumergidas debajo de sus aguas turbulentas.

Abajo, a un kilómetro de la vivienda, los habitantes del pueblo se mantuvieron vigilantes durante la noche, pues sus casas rodeadas de colinas de fuertes pendientes podrían sucumbir ante la fuerza de la Naturaleza y ellos temían que cayera algún deslizamiento de tierra, al igual que en años anteriores.

Arriba, los vecinos de Gerardo y su familia cerraron sus parpados arrullados por el sonido de las gotas de agua sobre los techos de sus casas.

A la mañana siguiente, los gallos cantaron a la misma hora de siempre, pero las aves, felices de saber que habría más insectos y pequeños gusanos para cazar, cantaron desde las cuatro; despertando así a Gerardo y a Cecilia con sus alegres alertas de un nuevo día.

Conforme los días fueron pasando, de igual forma las lluvias se volvieron más intensas. Gerardo sembraba todo tipo de hortalizas y retornaba a su hogar apenas comenzaban a caer las primeras gotas de agua seguidas por el primer trueno de la tarde.

Por supuesto, en el mes de junio las hortalizas comenzaron a crecer y muy pronto el dueño de la finca pudo saborear el delicado sabor de las zanahorias, cebollas, tomates y otros vegetales que las manos de Gerardo junto con la ayuda de la tierra milagrosa llevaron a su mesa.

La estación lluviosa le dio al pueblo un respiro cerca del veinticuatro de junio con un corto Veranillo de San Juan; no obstante, a mediados de agosto, las lluvias retomaron su acostumbrado ritmo y una vez más comenzaron los fuertes aguaceros que duraban hasta altas horas de la noche.

De forma usual, la familia llevaba una vida tranquila. Cecilia había conseguido trabajo por horas en las casas de los vecinos ricos de la calle donde ella vivía con su familia. Durante las mañanas, cuando los niños asistían a la escuela, ella llegaba a las casas para planchar por horas.

Con este dinero adicional que Cecilia traía al hogar, paulatinamente ella fue comprando ropa nueva para la familia, además de algunas cosas para la casa.

En las tardes, cuando todos regresaban al hogar, la familia pasaba tiempo juntos disfrutando de las historias de los niños y las gracias que la perrita hacía para entretener a sus dueños.

Durante aquellas noches de agosto y setiembre, la familia se olvidó por completo de Nataniel, y de pronto pareció como que todos los problemas habían terminado, sin embargo, en una tormentosa noche de octubre, cuando todos los riachuelos del pueblo corrían con fuerza llevando palos y piedras consigo, el hombre decidió que era el momento perfecto para visitar a su hermana una vez más.

En general, los dos bares del pueblo cerraban sus puertas a la medianoche, pero esa noche, al ver que Nataniel era el único cliente sentado en la barra, el dueño decidió tomarse un buen descanso y cerró su negocio a las nueve de la noche; un poco temprano, pero la lluvia había asustado a todos los clientes y no había razón para quedarse ahí un minuto más.

Además, Nataniel ya había gastado hasta la última moneda que llevaba en la bolsa de su pantalón, y esta no era una buena señal.

Hasta las mascotas de los habitantes del pueblo conocían muy bien su carácter despótico, las palabras vulgares que abundaban en su limitado vocabulario, así como los gritos que daba cuando se le iba el licor a la cabeza.

Por estas razones y por muchas otras, el dueño del bar cerró sus puertas temprano a pesar de que Nataniel se resistió a salir.

Como acostumbraba a hacer noche tras noche.

Afortunadamente, la oportuna llegada de una patrulla que a esas horas pasaba por el bar, fue de enorme ayuda, pues al ver el forcejeo entre el dueño del bar y el hombre que obstinadamente se rehusaba a salir, los patrulleros salieron del carro y obligaron al hombre a dejar el establecimiento.

Nataniel salió del bar cayéndose de borracho; caminó hasta la esquina y dobló a la derecha con el propósito de enrumbarse a la casa de su hermana.

La lluvia arreciaba y el hombre se tambaleaba de un lado para otro, vociferando insultos cuando pasaba por las casas de los hombres que le habían prestado dinero y luego habían tenido la osadía de cobrárselo.

Con la lentitud de un tractor que comienza a subir una colina, el hombre subió la cuesta que lo llevaría a la casa de Cecilia y Gerardo. A ratos, el hombre recordaba la tonada de alguna canción, y se atrevía a cantarla, pero la Naturaleza se encargaba de silenciarlo, enviando rayos y truenos que lo asustaban hasta el punto en que, aterrorizado por el estrepitoso sonido, dejaba de cantar; no así, los cantos se convertían en insultos.

A escasos cien metros se vislumbró la luz de un bombillo que Gerardo mantenía encendido durante las noches de tormenta; por si acaso alguna persona caminaba por ahí y no podía ver en la oscuridad.

De pronto, el hombre resbaló en una piedra en el camino y cayó de medio lado entre el barro, pero pronto logró ponerse de pie. ¡Qué desgracia! -gritó, al mismo tiempo que recuperaba su postura y caminaba los pocos metros que le faltaban para llegar a su destino.

En eso, todos los perros comenzaron a ladrar, por lo que Nataniel decidió echar sobre ellos los agravios más amargos que encontró en su repertorio.

Pero, como es bien sabido, esto no hizo más que enfurecer a los animales quienes corrían de un lado a otro dentro de los perímetros de las propiedades donde vivían.

Cuando finalmente el hombre llegó a la primera grada de la casa de la familia, llenó sus pulmones de aire y empezó a gritar: ¡Cecilia!¡Cecilia!¡Abrí la puerta!... ¡Soy yo!

Gerardo fue el primero en despertar. Le tomó unos segundos reconocer la voz de su cuñado, y como éste continuaba gritando, Gerardo cubrió la cabeza de su esposa con la cobija y levantándose de la cama, cerró la puerta tras de sí.

Como un perro guardián, el hombre se dirigió a la puerta y corrió la cortina de la ventana, pero no logró ver a Nataniel; aunque sabía muy bien que era él.

- ¡Abrí la puerta... desgraciada! -exclamó el hombre, con la cabeza turbada por el licor aunado a la inclemencia del tiempo.

Adentro, Gerardo caminó hasta llegar a la puerta del cuarto donde sus hijos dormían apaciblemente y cerró ésta.

Su perrita, mirándolo desde el sitio donde dormía en las noches, sabía muy bien que no podía ladrar a pesar de que se moría de ganas de hacer esto; y mucho más.

Afuera, las nubes descargaron toda su furia, y de pronto se apagaron todas las luces del pueblo; seguido de una explosión en la lejanía, pues en algunas ocasiones, los viejos transformadores no soportaban las fuertes descargas eléctricas y explotaban como bombetas en el aire.

- ¡Qué me abras la puerta... desgraciada! -gritó Nataniel con toda la fuerza que sus pulmones se lo permitieron, en un último intento por convencer a su hermana de que lo dejara entrar.

De pie, al lado de la puerta, atisbando por la ventana, Gerardo se mantuvo inerte como un árbol de Roble Sabana. Esperó unos momentos antes de decidirse a llamar a la policía.

Pero, luego de unos minutos, el hombre dejó de pensar en esta alternativa, pues los gritos cesaron.

"¿Se habrá ido?", pensó al notar que el hombre había dejado de gritar.

En eso, Nube dejó la comodidad del rincón donde dormía todas las noches para acercarse a la puerta, e hizo un intento de reconocer el olor del hombre metiendo su pequeño hocico por una rendija debajo de la puerta.

De pronto, la perrita caminó unos pasos hacia atrás y comenzó a aullar.

En vano, Gerardo intentó tranquilizar al animal, pero todo esfuerzo fue en vano y Cecilia apareció en la sala envuelta en la cobija.

- ¿Qué pasa, Gerardo? -preguntó la mujer con expresión de temor en su rostro.

-Es Nataniel-respondió el hombre, al mismo tiempo que se llevó el dedo índice a la boca para indicarle que no hiciera ruido-. Lo extraño es que ya dejó de gritar.

-Tranquila; Nube-dijo Cecilia, poniéndose de rodillas para acariciar la cabeza de la perrita quien no dejaba de aullar.

-Voy a salir para ver qué pasa-exclamó Gerardo en voz baja, dirigiéndose hacia la puerta una vez más.

-No; Gerardo...mejor no-dijo Cecilia, temerosa de que su hermano pudiera estar escondido detrás de alguno de los arbustos, al lado de la casa.

-Es que...algo tengo que hacer-dijo el hombre, tomando el foco que mantenía sobre el moledero de la cocina.

Mientras Cecilia esperaba, de rodillas junto a la perrita, Gerardo apretó el botón en el foco y de golpe, abrió la puerta.

Al igual que lo hace un faro que avisa la ruta a los botes en las rocosas costas de otros países, el hombre alumbró hacia afuera, girando el foco de lado a lado; finalmente, alumbrando la calle.

En el instante en que el hombre alumbró la última grada de la entrada, vio la inconfundible silueta de su cuñado que yacía boca arriba a orillas de la calle.

A como pudo, pues los escalones estaban sumamente resbalosas debido a la lluvia, el hombre logró bajar hasta el lugar donde se hallaba su cuñado; con la boca abierta, y los brazos extendidos hacia afuera.

-Nataniel-dijo el hombre; levántate.

Pero el hombre no respondió.

-Levántate, Nataniel; deja de jugar juegos-

No obstante, el hombre continuaba ahí; inerte, ante la mirada de Gerardo y una zarigüeya que pasaba por el sitio justo en ese instante.

Guiado por su instinto, Gerardo se inclinó hacia el hombre e intentó moverlo, pero éste no respondió.

"No creo que esté dormido", pensó. Seguidamente, subió las gradas mientras sus botas se resbalaban en el barro arcilloso que la lluvia no había podido penetrar, y al llegar a la puerta exclamó: ¡Cecilia; llama una ambulancia!

- ¡Ay! ¡Dios! -, exclamó la mujer, de pronto sobrecogida por un temblor que le sacudía todo su cuerpo.

-Por favor mándeme una ambulancia...a la calle de Pico Negro; sí, frente a la casa del puertorriqueño...gracias-dijo; luego, colocó el auricular sobre el teléfono y salió para ver lo que sucedía, pero su esposo no se lo permitió.

-Gerardo, dime qué está pasando por amor de Dios-

-No sé-, mintió el hombre, rodeando los hombros de su esposa con su brazo derecho-. Mejor esperemos a que llegue la ambulancia.

Sería cosa de tres minutos cuando la pareja escuchó la sirena de la ambulancia a la distancia que poco a poco fue acortándose, hasta que la ambulancia se estacionó frente a la casa.

Un hombre de piel morena, de estatura baja, vistiendo un uniforme de la Cruz Roja se bajó de la ambulancia seguido por otro hombre el cual se bajó por la puerta del lado del pasajero.

-Buenas Noches-, dijo Gerardo al mismo tiempo que bajaba las gradas de la casa, apoyándose sobre el suelo con ambas manos.

- ¿Qué fue lo que sucedió? -, preguntó el conductor de la ambulancia, al mismo tiempo que le hacía un gesto de la mano a su compañero para indicarle que trajera el equipo de primeros auxilios.

-Mi cuñado...venía borracho...creo que trató de subir las gradas; y se cayó-dijo el hombre, intentando explicar lo sucedido.

De forma inesperada, Cecilia se dejó venir resbalada por las gradas hasta caer a la calle. Al ver a su hermano tirado en el suelo bajo la lluvia, la mujer estalló en lágrimas.

-Vamos a ver-, dijo el hombre de estatura baja, buscando con sus manos alguna señal de signos vitales.

El otro hombre sacó una pequeña máquina de un bolso y colocó ésta sobre el pecho de Nataniel. Después de treinta segundos, levantó la cabeza y con voz solemne dijo: Ya no hay nada que hacer.

La mujer escondió su cara entre ambas manos y buscó refugio en los brazos de su esposo.

El conductor de la ambulancia tomó su teléfono y llamó a la policía.

El asistente del conductor tomó el bolso; cerró el zipper *cremallera*, y abrió la puerta de la ambulancia para guardarlo adentro.

La perrita regresó a su rincón, pero mantuvo sus orejas erguidas escuchando todo lo que sucedía afuera.

Afortunadamente, los niños continuaban durmiendo en la habitación contigua a la de sus padres.

-Vamos a meternos a la ambulancia a esperar que llegue la policía-dijo el conductor de la ambulancia.

-Sí... ¡Por supuesto! -exclamó Gerardo, tomando a su esposa de la mano, y sujetándose fuertemente de una veranera que crecía a un lado de la entrada, intentó subir hasta la entrada de la casa; con mucho esfuerzo, pero finalmente lo logró.

Una vez adentro de la vivienda, la mujer se sentó en una silla frente a su esposo quien, sofocado por la situación, se había dejado caer de golpe en el sofá.

Debemos aclarar que, en Costa Rica, el departamento de policía especializada en estos casos se llama OIJ. En muchas ocasiones, ellos tardan bastante tiempo en llegar a la escena; especialmente si hay otros casos que atender.

Sin embargo, en esta ocasión, los agentes no se dejaron esperar, y en cuestión de media hora aproximadamente, un Toyota *Land Cruiser* apareció frente a la vivienda, y procedió a estacionarse en frente de la ambulancia.

Aun llovía a cantaros cuando los investigadores bajaron del carro, envueltos en gruesas capas con cinta refractiva amarilla.

Posteriormente, los miembros de la Cruz Roja bajaron de la ambulancia y los cuatro hombres se dieron la mano.

Adentro, la pareja se acercó a la puerta, y desde allí miraron a los recién llegados.

Gerardo se dirigió a su esposa y le dijo: Quédate aquí; en caso de que los niños se despierten.

Ya era la medianoche y aun la lluvia no cesaba.

El hombre se dejó venir resbalado por las gradas que más parecían una rampa, debido a la fuerte erosión causada por las lluvias de la noche.

-Buenas Noches-dijo el hombre, estrechando la mano de ambos policías.

-Buenas Noches-dijeron ambos al mismo tiempo. –Vamos a proceder a hacerle unas preguntas-, dijo el mayor de los dos hombres.

Los miembros de la Cruz Roja se hicieron a un lado, para permitirles a los policías hacer su trabajo.

Con toda la seriedad del caso, el hombre prosiguió: ¿Este es Nataniel...? –

-Sí-respondió Gerardo un tanto asombrado por la pregunta, pues nunca se imaginó que alguien que no viviera en el pueblo pudiera conocer a su cuñado.

- ¿Qué fue lo que sucedió? -preguntó el oficial, al mismo tiempo que sacaba el teléfono de la bolsa de la capa para tomar notas.

Arriba, al final de las gradas, Cecilia tiritaba de frío; un frio que venía desde adentro.

Abajo, Gerardo le narró al oficial todo lo sucedido desde el momento en que su cuñado se mudó a vivir con ellos el día que su madre murió.

El oficial giró su cabeza y se dirigió hacia el otro oficial. Seguidamente, guardando el teléfono en la bolsa de la capa, dijo: Traiga la manta para cubrir el cuerpo.

El oficial se dirigió hacia la camioneta y abriendo la compuerta trasera, sacó una manta blanca con la que luego cubrió el cuerpo del hombre.

-Bueno; dadas las circunstancias...ya no hay nada que hacer-.

De repente, las gotas de lluvia dejaron de caer; los miembros de la Cruz Roja ayudaron a cargar el cuerpo hasta la camioneta, y los oficiales se retiraron del lugar.

Luego, los dos miembros de la Cruz Roja se despidieron de Gerardo y procedieron a retirarse del lugar, al mismo tiempo que el canto de un gallo los escoltaba hasta el pueblo.

A la orilla del camino, Gerardo esperó hasta que ambos vehículos habían desaparecido después de la última curva, y luego subió las gradas.

Su esposa, con los ojos llenos de lágrimas, lo esperaba al lado de la puerta.

-Yo debería haber arreglado esas gradas-dijo Gerardo, desplomándose sobre el sofá.

-Yo sé-dijo su esposa, dirigiéndose hacia el fregadero para coger la cafetera y llenarla de agua.

La perrita, moviendo su cola, se dejó venir hacia el sofá; y de un salto, se metió debajo del brazo de su amo.

Adentro, la mujer procedió a chorrear el café del desayuno.

Afuera, la zarigüeya reinicio su búsqueda de comida entre los montículos de abono orgánico que Cecilia mantenía bajo un árbol de guayaba.

A la mañana siguiente, los habitantes de la comunidad se hicieron presentes a la vivienda de la familia para ofrecerle su muy sentido pésame.

Un par de policías se apersonaron para hacerles unas cuantas preguntas de rutina; según el procedimiento.

En la tarde, tan pronto como las nubes empezaban a salir detrás de la montaña, Nataniel descansaba en el cementerio de un pueblo cercano; en paz, junto a su madre.

Don't miss out!

Visit the website below and you can sign up to receive emails whenever Iris Acevedo A. publishes a new book. There's no charge and no obligation.

https://books2read.com/r/B-A-JPID-QULR

BOOKS 2 READ

Connecting independent readers to independent writers.

Did you love *Spanish Reader Intermediate 2*? Then you should read *Spanish Reader Intermediate II*[1] by Iris Acevedo A.!

Spanish Reader Intermediate II is the continuation of *Spanish Reader for Intermediate Students*, published in 2013. In the second book, you will find the same writing style that kept you entertained for hours, in addition to Spanish Grammar Structure that require extensive practice, such as reflexive verbs, The Subjunctive Mood, and transitional phrases.

Our eighteen volumes of Spanish Readers and Conversation Books have been written with the sole purpose of teaching you what other Spanish schools will never teach you: current grammar usage and vocabulary, and all the uses of the Subjunctive Mood-all in one. In addition, you will find a vast usage of adjectives; some of which begin with negative prefixes, such as *des*, and *in*.

---

1. https://books2read.com/u/4N1Ag6

2. https://books2read.com/u/4N1Ag6

Every story you find in *Spanish Reader Intermediate II* provides insight into the culture of Costa Rica within a context that describes tradition, contemporary life, the people, the region, beliefs, superstition, and the way our people think and feel. Together with Spanish Grammar, these stories provide a formidable source for the acquisition of new vocabulary through intuitive learning while the student continues to be entertained by an interesting plot.

Whether you are an independent student of Spanish, a college graduate who has not practiced Spanish for a while, or an advanced student of Spanish, you will find this collection of short stories the most useful Spanish Language learning material you have come across.

I truly hope you find these short stories as entertaining and helpful as they are meant to be.

Iris Acevedo A.

Author/founder

http://costaricaspanishonline.com

Read more at costaricaspanishonline.com.

About the Author

Iris Acevedo A. was born in Costa Rica in 1959. She lived and grew up in Ohio, Oklahoma and Kansas, returning to Costa Rica in 1976. Iris is the founder of CostaRica SpanishOnline, the first online Spanish school in Costa Rica to provide independent learners with live One-On-One Spanish Immersion Courses via Skype. In 2017, we have branched out and are now offering English Conversation Skills courses to Latina American learners residing in Costa Rica and abroad.

During her over 30 years' experience teaching Spanish as a Foreign Language to learners from all over the world who have visited Costa Rica in order to learn Spanish, she took a keen interest in independent learners: an emerging group of students who have studied English and Spanish on their own, and somewhere along the process seek a Spanish language teacher to guide them. This is her field of expertise.

Iris has written several articles on Spanish Language Tips and Top Questions for Ezine.com, such as The Spanish Subjunctive and The Future Tense, The Use of The Spanish Pronouns "Vos, Tú and Usted", among others.

Iris has put together 3 series of Spanish Readers :
-Spanish Reader for Beginners-Elementary-3 books (Audio Coming Soon)
-Spanish Reader for Beginners, Intermediate and Advanced Students-8 books
-Spanish Conversation Books-4 books (Audio Coming Soon)

All books contain a combination of Spanish Grammar structure and phrases lying within a narrative style with an unusual twist that keeps the independent student engaged and entertained while achieving a higher level of knowledge and conversation skills.

Please note that our Readers and Conversation Books are not Grammar Books or Travel Guides. The only books of our collection that contain Grammar exercises are: Spanish Reader for Beginners-Elementary, Elementary II, and Elementary III, with a complete translation from Spanish to English for those students who are just beginning to make their first or second attempt to learn the language on their own.

Read more at costaricaspanishonline.com.

About the Publisher

www.ingramcontent.com/pod-product-compliance
Ingram Content Group UK Ltd.
Pitfield, Milton Keynes, MK11 3LW, UK
UKHW022237230426
12048UKWH00018BA/1315